EL LÍDEI

E

SYDNEY STAIR

El líder más ignorado

El Espíritu Santo

Puerto Rico, 2019

El líder más ignorado
El Espíritu Santo
Primera edición
EBook ISBN: 978-0-9904377-3-4
Paperback ISBN: 978-0-9904377-5-8

Asesoría editorial

Freisman Toro
—— escritor y asesor editorial ——

+ 57 318 7883784

Diagramación:
Lili Johana Ortiz Giraldo
lilijohanao@gmail.com

Fotografía:
Iván Javier Photography

Diseño de portada:
Raúl Rosario (Logomax Studio)

Dirección Técnica:
Ydsia Stair

Dedicatoria

A mi Padre Celestial, por no dejarnos huérfanos. Gracias por habernos sellado y por darnos las arras del Espíritu en nuestros corazones.

A mi Señor y Rey Jesucristo, quien intercedió delante de su Padre para que nos enviase el Espíritu Santo.

A mi fiel amigo, el Espíritu Santo, mi confidente, maestro, paño de lágrimas, consolador y líder.

A mi esposa Ydsia, quien me ayuda en todos mis proyectos personales y ministeriales. Por sus oraciones a favor mío y de nuestra familia.

Agradecimientos

Agradezco a mi esposa Ydsia por su incansable trabajo en ayudarme con este proyecto. A Raúl Rosario, a Iván Tirado, a Moraima Vélez, a Laura Casasa (My360Design) y, a todas las personas que oran por mí, por mi familia y por nuestro ministerio.

Acerca del autor

Sydney Stair fue ordenado al ministerio en el año 1987 y consagrado como apóstol en el año 1998. Es miembro de la Coalición Internacional de Líderes Apostólicos (ICAL, por sus siglas en inglés) que dirigió el apóstol y Dr. C. Peter Wagner durante diez años y que actualmente dirige el apóstol John Kelly. También es miembro fundador de Avance Misionero Mundial y de CAL (Coalición de Apóstoles Latinoamericanos), instituciones dirigidas por el apóstol Rony Chaves. Fundó la Coalición de Líderes Apostólicos de Puerto Rico (CLAPR). El Dr. Stair es el traductor oficial (inglés al español) para el Dr. Morris Cerullo en todos los países de habla hispana, tarea que ha desempeñado por más de veinticinco años. Posee dos licenciaturas, una maestría y dos doctorados, todos en estudios teológicos.

Él y su esposa, Ydsia Stair, son los fundadores de House of Worship, un Centro Apostólico dedicado a la formación, capacitación y desarrollo de líderes en la ciudad de Guaynabo, Puerto Rico. Su lema es: *Servir, Enseñar, y Demostrar.* Además, fundaron el

Centro de Consejería Avance, Escuela Ministerial Catedral de Adoración (EMCA), Council of Apostles, Prophets and Elders (CAPE) a través de la cual brinda cobertura espiritual a ministros y congregaciones en diversas partes del mundo, Stair Productions, y el programa de radio y televisión Fundamento, además de varias otras organizaciones.

El doctor Stair viaja intensamente a nivel mundial para enseñar en conferencias, congresos, talleres, escuelas ministeriales e iglesias. Es conferenciante internacional, consejero, coach certificado, capellán, productor musical, productor de televisión y radio, músico y cantante. Además, cumple con otras funciones que lo han mantenido con una agenda comprometida. Ha recibido múltiples reconocimientos y proclamas de líderes y gobernantes de diversos países por su ardua tarea de traer dirección al ser humano en busca de un propósito. Ejemplo de esto, fue la condecoración recibida por parte del Gobierno de Chile en la municipalidad de Viña del Mar, como visitante ilustre, y recientemente en Puebla, México, recibió una proclama con la distinción de Visitante Distinguido.

El doctor Stair trabaja con grupos religiosos y seculares, pues cree firmemente que el Reino de los Cielos lo abarca todo y a todos.

El Señor le ha bendecido con una esposa maravillosa, tres hijos y cuatro nietos.

INDICE

Introducción

La persona más poderosa sobre la faz de la Tierra es el Espíritu Santo. Él es la persona de mayor influencia en el mundo, pero es el líder más ignorado.

Lamentablemente, el movimiento pentecostal, sin querer, ha reducido la importancia del Espíritu Santo a un "mover extraordinario" en los cultos. Yo me convertí al Evangelio a finales de la década de los años 60 en una iglesia pentecostal, por lo tanto, me considero pentecostal y puedo hablar de esta experiencia con propiedad.

Para muchos, el Espíritu Santo es "algo que cae" de vez en cuando en el servicio. De hecho, hay coros que contienen términos como "el Espíritu Santo cayó", "yo soy pentecostal de la cabeza a los pies", "ven, ven, ven, Espíritu Divino y apodérate de mí", solo por mencionar algunos. Se ha limitado el mover del Espíritu Santo a "algo que se siente", "algo que se mueve de vez en cuando". Ante las manifestaciones del Espíritu Santo, muchos reaccionan de manera distinta. Algunos brincan y saltan, otros sacuden la cabeza de manera enérgica, otros dan vueltas en círculos, otros se mueven de un lado a otro, otros gritan histéricamente, entre muchas otras reacciones. Los que observan de lejos interpretan que el Espíritu Santo se metió en o, que cayó sobre, o que está tocando a un grupo de personas selectas y, por lo general, a los más ungidos o consagrados.

No debemos interpretar a la persona, ni la labor del Espíritu Santo, con base en las manifestaciones o reacciones que vemos en los cultos pentecostales. Brincar, saltar, dar vueltas y sacudir la cabeza son solo reacciones corporales que vienen como resultado de las manifestaciones del Espíritu Santo. Por la gracia de Dios, he podido estar físicamente en cerca de cien países en cinco continentes. La manera en que los caribeños responden a las manifestaciones del Espíritu Santo, es muy diferente a la de los europeos, que son más apacibles, sobrios y analíticos. El caribeño de sangre caliente no es así. En el Caribe somos efusivos y muy expresivos. Nos encanta el baile y la música rítmica. Por lo tanto, reaccionamos de manera muy distinta cuando "sentimos" la presencia del Espíritu Santo. Algunos sienten escalofríos y les tiembla el cuerpo involuntariamente. Aunque resulta sumamente interesante estudiar estas diferentes reacciones, el

Espíritu Santo es mucho más que sentimientos y emociones, que hablar lenguas y que danzar, entre otras cosas.

A través de este libro, descubrirás que el Espíritu Santo es la persona que el Dios Padre designó para preparar al mundo para el reinado de su Hijo Jesús. Descubrirás su misión, el trabajo que ha estado haciendo y qué es lo que desea hacer a través de ti. Confío en que puedas leer este libro con una mente abierta. Deseo que este libro te pueda ayudar a crecer en tu relación con el Espíritu Santo y a disfrutar de todos los beneficios disponibles para ti, al tener un vínculo estrecho con la persona de mayor influencia en el mundo.

Doy a entender que, cuando uso los términos "Dios" y "Jehová", me refiero a Elohim, al Creador del Universo, al Dador de Vida, al Adonai, quien es el Señor y dueño de todo, basándome en los escritos que se encuentran en el libro del profeta Isaías:

"Así dice Jehová Dios, Creador de los cielos, y el que los despliega; el que extiende la tierra y sus productos; el que da aliento al pueblo que mora sobre ella, y espíritu a los que por ella andan", Isaías 42:5.

Igualmente, en el libro de los Salmos dice:

"De Jehová es la tierra y su plenitud, el mundo y los que en él habitan", Salmos 24:1.

El título de este libro, *El líder más ignorado, el Espíritu Santo*, se debe al simple hecho de que, en mis estudios, descubrí que Dios le dio al hombre (sin exclusión de género) la autoridad sobre los asuntos de la Tierra, pero no lo dejó solo, sino que le dio su Espíritu. Los que se dejan guiar por el Espíritu Santo, son gobernados con base en los mandamientos de Dios, se dedican a hacer el bien, difunden el amor de Dios por el planeta, ayudan al prójimo, sanan a los enfermos y dan de comer al que tiene hambre, entre otros. Es imposible ejercer una autoridad saludable en este mundo sin la guía del Espíritu Santo y, eso es, precisamente, lo que nuestros políticos y gobernantes han pretendido hacer desde el inicio de los tiempos y por lo cual experimentan continuos fracasos.

No soy un exégeta ni mucho menos pretendo dar una exégesis en cuanto al tema del Espíritu Santo, pero hay quienes tienen dificultad para entender la Trinidad de Dios: Padre, Hijo y Espíritu Santo. Este libro no está dirigido a personas con similares dificultades. Sí puedo decirles, con el fin de ayudarles a entender un poco acerca del tema, que la Trinidad es como el agua, la puedes tener en tres formas diferentes: (sólido, líquido y gaseoso), pero sigue siendo agua. Este libro está dirigido a personas que reconocen que el Espíritu Santo es real. Mi mayor anhelo es ayudarles a entender y a mejorar su relación con la persona con quien he tenido una amistad durante la mayor parte de mi vida: el Espíritu Santo.

Ahora, manos a la obra.

Capítulo 1

El Espíritu Santo en el Antiguo
Testamento

El Espíritu Santo en el Antiguo Testamento

"(...) y el Espíritu de Dios se movía sobre la faz de las aguas" (Génesis 1:2). Creo que el Espíritu de Dios que encontramos en Génesis 1:2 es el mismo Espíritu que encontramos a través de la Biblia en letra mayúscula. Creo, además, que al Espíritu de Dios se le conoce por otros nombres, por ejemplo:

Espíritu de Verdad

"...el Espíritu de verdad, al cual el mundo no puede recibir, porque no le ve, ni le conoce; pero vosotros le conocéis, porque mora con vosotros, y estará en vosotros", Juan 14:17.

"Pero cuando venga el Espíritu de verdad, él os guiará a toda la verdad; porque no hablará por su propia cuenta, sino que hablará todo lo que oyere, y os hará saber las cosas que habrán de venir", Juan 16:13

"Y nosotros no hemos recibido el espíritu del mundo, sino el Espíritu que proviene de Dios, para que sepamos lo que Dios nos ha concedido, lo cual también hablamos, no con palabras enseñadas por sabiduría humana, sino con las que enseña el Espíritu, acomodando lo espiritual a lo espiritual.

Pero el hombre natural no percibe las cosas que son del Espíritu de Dios, porque para él son locura, y no las puede entender, porque se han de discernir espiritualmente. En cambio, el espiritual juzga todas las cosas; pero él no es juzgado de nadie. Porque, ¿quién conoció la mente del Señor? ¿Quién le instruirá? Mas nosotros tenemos la mente de Cristo", 1 Corintios 2:12-16.

Consolador

"Y yo rogaré al Padre, y os dará otro Consolador, para que esté con vosotros para siempre", Juan 14:16.

"Mas el Consolador, el Espíritu Santo, a quien el Padre enviará en mi nombre, él os enseñará todas las cosas, y os recordará todo lo que yo os he dicho", Juan 14:26.

"Pero cuando venga el Consolador, a quien yo os enviaré del Padre, el Espíritu de verdad, el cual procede del Padre, él dará testimonio acerca de mí", Juan 15:26.

Espíritu de Dios

"Y Jesús, después que fue bautizado, subió luego del agua; y he aquí los cielos le fueron abiertos, y vio al Espíritu de Dios que descendía como paloma, y venía sobre él", Mateo 3:16.

Espíritu del Señor

"Porque el Señor es el Espíritu; y donde está el Espíritu del Señor, allí hay libertad", 2 Corintios 3:17.

Espíritu de Jehová

"Y reposará sobre él el Espíritu de Jehová; espíritu de sabiduría y de inteligencia, espíritu de consejo y de poder, espíritu de conocimiento y de temor de Jehová", Isaías 11:2.

A través del Antiguo Testamento, encontramos al Espíritu Santo muy activo. Cabe mencionar que, cuando Dios puso a Adán y a Eva en el huerto del Edén, no les construyó un templo. La intención de Dios siempre fue habitar en cada uno de nosotros "¿O ignoráis que vuestro cuerpo es templo del Espíritu Santo, el cual está en vosotros, el cual tenéis de Dios, y que no sois vuestros?", 1 Corintios 6:19.

Entonces lo que nos haría diferenciar sería la personalidad, el temperamento y el carácter de cada cual, porque a Dios le gusta mucho el contraste y la variedad. Es por eso que hay múltiples colores en el arco iris y que ningún amanecer o atardecer es igual a otro.

La actividad del Espíritu Santo en la Tierra la vemos desde el principio de la creación. En Génesis 1:2 la Biblia dice: "(...) y el Espíritu de Dios se movía sobre la faz de las aguas". Este versículo empieza diciendo que "la Tierra estaba desordenada y vacía". Dios nunca crea algo desordenado y vacío, todo lo crea perfecto. No cabe duda de que hubo un evento impactante que causó caos en la Tierra y provocó que ésta estuviera desordenada y vacía. Entonces, Dios se dispuso a devolver el orden al planeta. En Génesis 1:2, el Espíritu de Dios se movía sobre la faz de las aguas y, en Génesis 1:3, Dios comenzó a dar la orden para devolver todo según estaba antes del caos. No creo que el escritor haya hecho la distinción categórica de *Espíritu de Dios* y *Dios* en vano. Creo que *Dios* se refiere al Creador y, *Espíritu de Dios,* se refiere al Espíritu Santo. Pero, lo cierto es que la Biblia dice en Éxodo 33:20: "Dijo más: No podrás ver mi rostro, porque no me verá hombre, y vivirá". Esto ha sido así, aunque vemos múltiples ocasiones en la Biblia en que el Espíritu Santo interactuó con los mortales. Hay tres casos que quisiera señalar.

Primer caso

"Jehová habló a Moisés, diciendo: Di a los hijos de Israel que tomen para mí ofrenda; de todo varón que la diere de su voluntad, de corazón, tomaréis mi ofrenda y harán un santuario para mí y habitaré en medio de ellos. Conforme a todo lo que yo te muestre, el diseño del tabernáculo y el diseño de todos sus utensilios, así lo haréis", Éxodo 25:1-2; 8-9.

De ahí en adelante, el Dios Padre le estaba dando instrucciones a Moisés en el desierto, diciéndole cómo quería, cuándo quería y dónde quería su Tabernáculo, el cual tenía muchos detalles y Dios necesitaba una persona con ciertas habilidades específicas como las mencionadas en Éxodo 31:4-5 "para crear diseños, para trabajar en oro, en plata y en bronce, y en artificio de piedras para engastarlas, y en artificio de madera; para trabajar en toda clase de labor".

- Inventar diseños y tener capacidad creativa

- Hacer trabajos artísticos en oro, plata y bronce

- Cortar y engastar piedras preciosas

- Hacer tallados en madera y realizar toda clase de artesanías

"Mira, yo he llamado por nombre a Bezaleel hijo de Uri, hijo de Hur, de la tribu de Judá; *y lo he llenado del Espíritu de Dios*, en sabiduría y en inteligencia, en ciencia y en todo arte", Éxodo 31:2-3.

A Bezaleel, cuyo nombre en hebreo significa *a la sombra de Dios*, Dios lo mantuvo en el anonimato solo para Él y, eventualmente, lo sacaría a la luz pública cuando llegara el momento de cumplir el propósito por el cual Dios lo llenó de su Espíritu.

Segundo caso

La Biblia nos habla de un profeta corrupto de nombre Balaam, quien acondicionaba sus profecías a cambio de dinero. Su nombre significa *devorador o glotón*. En una ocasión, Balac, rey de Moab, un pueblo enemigo de Israel, mandó a llamar al profeta Balaam para que maldijera a Israel porque él y su pueblo (los moabitas), les tenían miedo a los israelitas. En tres ocasiones, el rey Balac preparó siete altares y ninguna de las tres veces Balaam pudo maldecir al pueblo de Dios.

La segunda vez que Balaam intentó maldecir a Israel, esto fue lo que sucedió: "y alzando sus ojos, vio a Israel alojado por sus tribus; y el *Espíritu de Dios* vino sobre él", Números 24:2. A raíz de esto, Balaam terminó profetizando a favor del pueblo de Israel.

"¡Cuán hermosas son tus tiendas, oh Jacob, tus habitaciones, oh Israel! Como arroyos están extendidas, como huertos junto al río, como áloes plantados por Jehová, como cedros junto a las aguas. De sus manos destilarán aguas, y su descendencia será en muchas aguas; enaltecerá su rey más que Agag, y su reino será engrandecido. Dios lo sacó de

Egipto; tiene fuerzas como de búfalo. Devorará a las naciones enemigas, desmenuzará sus huesos, y las traspasará con sus saetas. Se encorvará para echarse como león, y como leona; ¿quién lo despertará? Benditos los que te bendijeren y malditos los que te maldijeren", Números 24:5-9.

Esto enfureció muchísimo al rey Balac quien dijo: "Para maldecir a mis enemigos te he llamado, y he aquí los has bendecido ya tres veces. Ahora huye a tu lugar; yo dije que te honraría, mas he aquí que Jehová te ha privado de honra", Números 24:10-11.

Tercer caso

El pueblo de Israel quiso ser como los demás pueblos y pidió un rey. En 1 Samuel 9, Dios le habló al profeta Samuel y le indicó que ungiera a Saúl como rey. Este fue el primer rey establecido en Israel. En el capítulo 10 del mismo libro, el profeta Samuel ungió a Saúl como rey. Este joven nunca había profetizado en su vida, aunque sabía que los profetas existían. Observen bien lo que sucedió:

"Después de esto llegarás al collado de Dios donde está la guarnición de los filisteos; y cuando entres allá en la ciudad encontrarás una compañía de profetas que descienden del lugar alto, y delante de ellos salterio, pandero, flauta y arpa, y ellos profetizando. Entonces el Espíritu de Jehová vendrá sobre ti con poder, y profetizarás con ellos, y serás mudado en otro hombre. Y cuando te hayan sucedido estas señales, haz lo que te viniere a la mano, porque Dios está contigo. Luego bajarás delante de mí a Gilgal; entonces descenderé yo a ti para ofrecer holocaustos y sacrificar ofrendas de paz. Espera siete días, hasta que yo venga a ti y te enseñe lo que has de hacer. Aconteció luego, que al volver él la espalda para apartarse de Samuel, le mudó Dios su corazón; y todas estas señales acontecieron en aquel día. Y cuando llegaron allá al collado, he aquí la compañía de los profetas que venía a encontrarse con él; y el *Espíritu de Dios* vino sobre él con poder, y profetizó entre ellos", 1 Samuel 10:5-10.

También, en 1 de Samuel 19:20 dice: "Entonces Saúl envió mensajeros para que trajeran a David, los cuales vieron una compañía de profetas que profetizaban, y a Samuel que estaba allí y los presidía. Y vino el *Espíritu de Dios* sobre los mensajeros de Saúl, y ellos también profetizaron".

Ezequiel, uno de los profetas del Antiguo Testamento, relata en su libro lo siguiente: "Luego me levantó el Espíritu y me volvió a llevar en visión del *Espíritu de Dios* a la tierra de los caldeos, a los cautivos. Y se fue de mí la visión que había visto", Ezequiel 11:24.

Capítulo 2

El Espíritu Santo siempre
ha estado presente

El Espíritu Santo siempre ha estado presente

"Y la tierra estaba desordenada y vacía, y las tinieblas estaban sobre la faz del abismo, y el *Espíritu de Dios* se movía sobre la faz de las aguas", Génesis 1:2.

Cabe mencionar, que, en mi opinión, tal como les mencioné en el capítulo 1, el Espíritu de Dios y el Espíritu Santo son la misma persona.

"En el principio Dios creó los cielos y la tierra. Y la tierra estaba desordenada y vacía...", Génesis 1:1-2. Hay quienes enseñan que, a raíz de la rebelión de Lucifer, el Padre lo sacó del Cielo y lo confinó al planeta Tierra.

Isaías 14:12 dice: "¡Cómo caíste del cielo, oh Lucero, hijo de la mañana! Cortado fuiste por tierra, tú que debilitabas a las naciones". La llegada de

Satanás a la Tierra causó un gran desorden a nivel planetario. Jesús les dijo a sus discípulos: "Yo veía a Satanás caer del cielo como un rayo", Lucas 10:18.

En una ocasión leí un artículo en el que unos científicos explicaban cómo fue que la Tierra se congeló. Ellos expusieron que millones de años atrás una estrella salió de su órbita y que la cola de la misma se ubicó entre el Sol y la Tierra, impidiendo así que los rayos solares llegaran a nuestro planeta y, ante la ausencia de calor, la Tierra se congeló. Si esto fue así, explicaría entonces a lo que Jesús se refería en Lucas 10:18.

Lo cierto es que había caos y a quien vemos estableciendo orden en la Tierra es a Dios, y el Espíritu de Dios que se movía sobre la faz de las aguas. Dios estableció el orden y creó todo lo que vemos hoy. En el sexto día de la creación, Dios hizo al hombre a su imagen y semejanza. En Génesis, la Biblia dice:

"Entonces dijo Dios: Hagamos al hombre a nuestra imagen, conforme a nuestra semejanza; y señoree en los peces del mar, en las aves de los cielos, en las bestias, en toda la tierra, y en todo animal que se arrastra sobre la tierra. Y creó Dios al hombre a su imagen, a imagen de Dios lo creó; varón y hembra los creó. Y los bendijo Dios, y les dijo: Fructificad y multiplicaos; llenad la tierra, y sojuzgadla, y señoread en los peces del mar, en las aves de los cielos, y en todas las bestias que se mueven sobre la tierra", Génesis 1:26-28.

Quiero señalar varias cosas de los tres versículos anteriores:

- Dios creó al hombre a imagen y semejanza de Él.

- Dios le entregó al hombre la autoridad sobre la Tierra.

- Desde que Dios creó al hombre, le dio el trabajo de administrar la Tierra. En otras palabras, el trabajo no vino como castigo. Dios diseñó al hombre y a la mujer para el trabajo.

- Dios le dio al hombre la tarea de administrar la Tierra, pero no lo dejó solo, sino que le dio su Espíritu: el Espíritu Santo. No había forma alguna de que Adán les diera nombre a todos los animales y que administrara la Tierra sin una ayuda divina. Adán gozaba de la presencia del Espíritu de Dios en su vida.

El plan de Dios para el planeta Tierra

El plan de Dios desde el principio de los tiempos ha sido convertir el planeta Tierra en una colonia del Cielo. Esto lo sabemos con base en la oración que Jesús les enseñó a sus discípulos: "Venga tu reino. Hágase tu voluntad como en el cielo, así también en la tierra", Mateo 6:10.

Si queremos saber cuál es el plan de Dios, lo que debemos hacer es estudiar las instrucciones originales. Dios no ha cambiado de parecer. Su plan sigue igual desde siempre. El plan se detuvo por un tiempo, pero fue reanudado con la venida de Jesús. La Biblia dice en Lucas 19:10: "Porque el Hijo del Hombre vino a buscar y a salvar lo que se había perdido". Entiéndase que lo que se había perdido fue el plan original de Dios y Jesús lo vino a recobrar. En este plan original de Dios, el planeta Tierra es el reino que el Padre entregaría a su Hijo.

La desobediencia del hombre

"Y vio la mujer que el árbol era bueno para comer, y que era agradable a los ojos, y árbol codiciable para alcanzar la sabiduría; y tomó de su fruto, y comió; y dio también a su marido, el cual comió, así como ella. Entonces fueron abiertos los ojos de ambos, y conocieron que estaban desnudos; entonces cosieron hojas de higuera, y se hicieron delantales", Génesis 3:6-7.

Cuando Adán y Eva desobedecieron a Dios, no perdieron una religión, sino que perdieron su relación con Dios. Esta rebeldía fue un acto de independencia del hombre para con Dios: el ser humano diciéndole a Dios que ya no quería hacer las cosas a la manera de Él, sino a su manera. Continuaremos con esto más adelante, en el capítulo 12.

Capítulo 3

La sabiduría de Dios

La sabiduría de Dios

"Salomón, hijo de David, fue afirmado en su reino, y Jehová su Dios estaba con él, y lo engrandeció sobremanera. Y convocó Salomón a todo Israel, a jefes de millares y de centenas, a jueces, y a todos los príncipes de todo Israel, jefes de familias. Y fue Salomón, y con él toda esta asamblea, al lugar alto que había en Gabaón; porque allí estaba el tabernáculo de reunión de Dios, que Moisés siervo de Jehová había hecho en el desierto. Pero David había traído el arca de Dios de Quiriat-jearim al lugar que él le había preparado; porque él le había levantado una tienda en Jerusalén. Asimismo, el altar de bronce que había hecho Bezaleel hijo de Uri, hijo de Hur, estaba allí delante del tabernáculo de Jehová, al cual fue a consultar Salomón con aquella asamblea. Subió, pues, Salomón allá delante de Jehová, al altar de bronce que estaba en el tabernáculo de reunión, y ofreció sobre él mil holocaustos. Y aquella noche apareció Dios a Salomón y le dijo: Pídeme lo que quieras que yo te dé. Y Salomón dijo a Dios: Tú has tenido con David mi padre gran misericordia, y a mí me has puesto por rey en lugar suyo. Confírmese pues, ahora, oh Jehová Dios, tu palabra dada a David mi padre; porque tú me has puesto por rey sobre un pueblo numeroso como el polvo de la tierra. Dame ahora sabiduría y ciencia, para presentarme delante de este pueblo; porque ¿quién podrá gobernar a este tu pueblo tan grande? Y dijo Dios a Salomón: Por cuanto hubo esto en tu corazón, y no pediste riquezas, bienes o gloria, ni la vida de los que te quieren mal, ni pediste muchos días, sino que has pedido para ti sabiduría y ciencia para gobernar a mi pueblo, sobre el cual te he puesto por rey, sabiduría y ciencia te son dadas; y también te daré riquezas, bienes y gloria, como nunca tuvieron los reyes que han sido antes de ti, ni tendrán los que vengan después de ti", 2 Crónicas 1:1-12.

La mayoría de nosotros, cuando enfrentamos una situación difícil, oramos pidiendo con base en lo que pensamos, es la solución al problema. Cuando nos pagan mal por bien, pedimos que caiga la venganza de Dios; si somos afectados en nuestra salud, pedimos sanidad; ante la falta de dinero, pedimos a Dios que nos dé dinero y, si las cosas van mal en el trabajo, pedimos a Dios otro trabajo; sin embargo, lo que debemos pedir es sabiduría. Salomón le pidió a Dios sabiduría y ciencia. La *ciencia* nos permite entender el origen de la situación y la *sabiduría* nos permite saber qué hacer para resolverlo. La combinación de ambas es la clave para gobernar con éxito.

Probablemente, tu salud se encuentra afectada porque comes mal. Tal vez, el dinero escasea porque eres un mal administrador. Quizás las cosas van mal en tu trabajo porque no eres responsable. La sabiduría de Dios te encarrila y, por lo tanto, superas cualquier situación que estés enfrentando. Con esto en mente, entenderás el porqué de oraciones que has hecho y nunca tuvieron respuestas.

Si analizas tu situación sin la sabiduría de Dios, serás semejante a un médico que hace un mal diagnóstico, pues va a recetar incorrectamente y el resultado final será que habrá más problemas que al principio. Un mal diagnóstico podría provocar que un paciente muera antes de tiempo.

El padre de Salomón fue David, quien hizo los preparativos para que su hijo heredara el trono. David fue un hombre que adquirió amplia experiencia por causa de sus muchos sufrimientos. Salomón era un joven príncipe sin experiencia alguna. Cuando a Salomón le llegó su momento de gobernar, una de las primeras cosas que hizo fue celebrar un servicio de adoración a Dios, en el cual, le ofreció mil holocaustos. Su ofrenda le llamó la atención a Dios, al grado que se le apareció esa misma noche y le dijo: "Pídeme lo que quieras que yo te dé". Salomón, sin vacilar, le dijo: "Dame sabiduría y ciencia".

Te comparto tres recomendaciones básicas para enfrentar toda situación difícil:

• Dile a Dios cuál es tu situación. Él lo sabe, pero es bueno que tú lo exteriorices. Salomón, básicamente, le dijo a Dios: "Mi padre se murió, yo ahora soy el rey y no tengo ni la más mínima idea de cómo reinar sobre este pueblo tan inmenso". Al hacerlo, reconoces tu insuficiencia y tu dependencia de Dios para resolver la situación.

• Presta mucha atención a lo que te hable el Espíritu Santo. Todo lo que te hable estará basado en la Palabra de Dios.

• Mantén un espíritu dispuesto a aprender mientras escuchas.

• Debes estar listo para recibir reprensión, de ser necesario.

• Debes ser honesto con Dios y contigo mismo.

• Escudriña tu vida y haz un inventario de ella para ver si de alguna manera le has fallado a Dios. Si descubres que le has fallado, arrepiéntete y confiesa tus pecados.

Comienza a actuar usando la sabiduría que Dios te dé. Sé obediente a las instrucciones del Espíritu Santo, por más sencillas o complicadas que sean. La obediencia es crucial, de lo contrario, tu esfuerzo será infructuoso. Deshazte de tus viejas estrategias y abraza lo nuevo que Dios te dé. No permitas jamás que tu temperamento choque con las instrucciones que te da el Espíritu Santo. En otras palabras, si eres tímido o penoso, tendrás que desarrollar prontitud y esmero a la hora de responder a las directrices del Espíritu Santo. Cuando te hable, no puedes tardar en responder. Hay puertas que se abren una sola vez y, si no entras, perderás la oportunidad para siempre.

Anécdota:

En 1992, cuando Ydsia y yo nos casamos, nos fuimos de luna de miel a cinco ciudades importantes de nuestro hemisferio. Una de ellas fue Ciudad de Guatemala. Estando allá, acudimos a una conferencia de alabanza y adoración donde participaban Juan Carlos Alvarado, Danilo Montero, Miguel Casina y Marcos Witt, entre otros. El día de nuestra salida de esa ciudad, mientras nos preparábamos para salir hacia el aeropuerto, sentí en mi espíritu que me encontraría con Marcos Witt en ese lugar. ¡Dicho y hecho! Al llegar al aeropuerto, ahí estaba Marcos con sus músicos. Para los que no lo saben, en esa época, yo también era director de alabanza y adoración y ya tenía varias grabaciones musicales sonando en la radio con mucha aceptación. El Espíritu Santo me dijo que fuera a presentarme. Siendo yo una persona tímida, titubeé antes de acercarme a él. Me paré a un costado a observar a Marcos y a su equipo. A punto de pasar por el puesto de seguridad, retrocedieron y Marcos se quedó mirando hacia la dirección donde yo estaba. Volvió el Espíritu Santo y me dijo: "Ve y preséntate", pero mis pies estaban congelados. No podía moverme por el temor a ser ignorado o rechazado. Pasaron los años y me he arrepentido muchas veces de no haberle hecho caso a la voz del Espíritu Santo, porque se pudo haber establecido una conexión divina entre Marcos y yo, a través de la cual mi música hubiese llegado a otras latitudes. Muchos años después nos conocimos en una reunión de ministros, pero esa puerta que el Señor me había abierto se cerró. ¿Qué aprendí de todo esto? Que, cuando el Espíritu del Señor me habla, me debo mover rápidamente, aunque los demás piensen que estoy loco. Ahora no dejo pasar ni una sola oportunidad. En varias ocasiones me he equivocado en tiempo y lugar, pero es ahí donde entra la sabiduría para ayudarnos.

Esto es lo que la Biblia dice sobre la *sabiduría:*

"Recibid mi enseñanza, y no plata; y ciencia antes que el oro escogido. Porque mejor es la sabiduría que las piedras preciosas; y todo cuanto se puede desear, no es de compararse con ella. Yo, la sabiduría, habito con la cordura, y hallo la ciencia de los consejos.

El temor de Jehová es aborrecer el mal; la soberbia y la arrogancia, el mal camino, y la boca perversa, aborrezco. Conmigo está el consejo y el buen juicio; yo soy la inteligencia; mío es el poder. Por mí reinan los reyes, y los príncipes determinan justicia. Por mí dominan los príncipes, y todos los gobernadores juzgan la tierra. Yo amo a los que me aman, y me hallan los que temprano me buscan. Las riquezas y la honra están conmigo; riquezas duraderas y justicia. Mejor es mi fruto que el oro, y que el oro refinado; y mi rédito mejor que la plata escogida. Por vereda de justicia guiaré, por en medio de sendas de juicio, para hacer que los que me aman tengan su heredad, y que yo llene sus tesoros.

Jehová me poseía en el principio, ya de antiguo, antes de sus obras. Eternamente tuve el principado, desde el principio, antes de la tierra. Antes de los abismos fui engendrada; antes que fuesen las fuentes de las muchas aguas. Antes que los montes fuesen formados, antes de los collados, ya había sido yo engendrada; no había aún hecho la tierra, ni los campos, ni el principio del polvo del mundo.

Cuando formaba los cielos, allí estaba yo; cuando trazaba el círculo sobre la faz del abismo; cuando afirmaba los cielos arriba, cuando afirmaba las fuentes del abismo; cuando ponía al mar su estatuto, para que las aguas no traspasasen su mandamiento; cuando establecía los fundamentos de la tierra, con él estaba yo ordenándolo todo, y era su delicia de día en día, teniendo solaz delante de él en todo tiempo.

Me regocijo en la parte habitable de su tierra; y mis delicias son con los hijos de los hombres. Ahora, pues, hijos, oídme, y bienaventurados los que guardan mis caminos. Atended el consejo, y sed sabios, y no lo menospreciéis. Bienaventurado el hombre que me escucha, velando a mis puertas cada día, aguardando a los postes de mis puertas. Porque el que me halle, hallará la vida, y alcanzará el favor de Jehová. Mas el que peca contra mí, defrauda su alma; todos los que me aborrecen aman la muerte", Proverbios 8:10-36.

Capítulo 4

Los nueve dones del Espíritu Santo

Los nueve dones del Espíritu Santo

"Ahora bien, hay diversidad de dones, pero el Espíritu es el mismo. Y hay diversidad de ministerios, pero el Señor es el mismo. Y hay diversidad de operaciones, pero Dios, que hace todas las cosas en todos, es el mismo. Pero a cada uno le es dada la manifestación del Espíritu para provecho. Porque a este es dada por el Espíritu palabra de sabiduría; a otro, palabra de ciencia según el mismo Espíritu; a otro, fe por el mismo Espíritu; y a otro, dones de sanidades por el mismo Espíritu. A otro, el hacer milagros; a otro, profecía; a otro, discernimiento de espíritus; a otro, diversos géneros de lenguas; y a otro, interpretación de lenguas. Pero todas estas cosas las hace uno y el mismo Espíritu, repartiendo a cada uno en particular como él quiere", 1 Corintios 12:4-11.

Cuando las manifestaciones y los dones del Espíritu Santo están ausentes, la iglesia carece del equipo necesario para el desarrollo pleno del ministerio y no tendrá la defensa para pelear en contra de los poderes del mal en este mundo.

Siendo nosotros ciudadanos de un reino espiritual, se nos han entregado armas y habilidades espirituales. 2 de Corintios 10:4 dice: "Porque las armas de nuestra milicia no son carnales, sino poderosas en Dios para la destrucción de fortalezas", (RV 1960) y "Las armas que usamos no son las del mundo, sino que son poder de Dios capaz de destruir fortalezas. Y así destruimos las acusaciones", (versión DHH).

Para su mayor comprensión, dividiremos los nueve dones del Espíritu Santo en tres categorías: dones de revelación, dones de poder y dones de inspiración.

Dones de revelación

Palabra de conocimiento: Es una revelación sobrenatural de la existencia, naturaleza o propósito de una persona, cosa o suceso, dada a nosotros por el Espíritu Santo para un fin específico y que de otro modo no podría ser conocido.

Palabra de sabiduría: Revelación sobrenatural de la sabiduría y propósito de Dios.

Discernimiento de espíritus: Revelación sobrenatural para reconocer y entender la presencia y actividad de espíritus.

Dones de poder

Fe: Confianza sobrenatural en Dios para todos aquellos problemas y necesidades que requieran una solución sobrenatural.

Milagros: Intervención sobrenatural del poder de Dios mediante la cual las leyes naturales son controladas, alteradas o suspendidas.

Sanidades: Poder sobrenatural para sanar toda clase de enfermedades.

Dones de inspiración

Profecía: Unción sobrenatural para, por medio del idioma vernáculo, dar una pronunciación o declaración inspirada.

En muchas ocasiones he visto cómo se confunde profecía con palabra de sabiduría. Profecía significa predicción. Una profecía, entonces, tendrá que ver con actos futuros. No se puede profetizar un pasado, de la misma manera que no se puede predecir un acto pasado, porque ya ocurrió. El don que nos revela hechos pasados y presentes se llama palabra de conocimiento, conocido también como ciencia. La palabra de sabiduría te dice cómo llevar a cabo lo que se te fue profetizado. Un ejemplo de esto es Noé. Él recibió una palabra profética de que vendría un diluvio, algo que nunca antes había ocurrido. Tenía la profecía, pero no sabía por dónde comenzar. Dios le dio las dimensiones y las instrucciones específicas de cómo construir el arca y así lo hizo. Eso se llama palabra de sabiduría. A través de los años he conocido a personas que han recibido una palabra profética, pero no saben por dónde comenzar, no saben qué hacer con la palabra que recibieron.

Lenguas: Unción sobrenatural para, por medio de un idioma desconocido por el que habla, dar una pronunciación o declaración inspirada.

Interpretación de lenguas: Revelación sobrenatural para expresar en el idioma conocido lo que ya ha sido dicho en idioma desconocido por medio del don de lenguas.

Capítulo 5

Un Espíritu Santo, muchas funciones

Un Espíritu Santo, muchas funciones

"Saldrá una vara del tronco de Isaí, y un vástago retoñará de sus raíces. Y reposará sobre él, el Espíritu de Jehová; espíritu de sabiduría y de inteligencia, espíritu de consejo y de poder, espíritu de conocimiento y de temor de Jehová", Isaías 11:1-2.

El Espíritu Santo es una persona con muchas funciones y lo vemos envuelto en todas las actividades en la Tierra con el fin de cumplir con la agenda del Reino de Dios.

Apocalipsis 3:1 dice: "Escribe al ángel de la iglesia en Sardis: El que tiene los *siete espíritus* de Dios, y las *siete estrellas*, dice esto: Yo conozco tus obras, que tienes nombre de que vives, y estás muerto". Los *siete espíritus* de Dios son las siete manifestaciones de Dios. Todos están concentrados en una sola persona, a quien conocemos como la tercera persona de la Divina Trinidad: el Espíritu Santo. Los *siete espíritus* de Dios son:

- Espíritu de Jehová

- Espíritu de Sabiduría

- Espíritu de Inteligencia

- Espíritu de Consejo

- Espíritu de Poder

- Espíritu de Conocimiento

- Espíritu de Temor de Jehová

Apocalipsis 1:20 dice: "El misterio de las *siete estrellas* que has visto en mi diestra, y de los *siete candeleros* de oro: las *siete estrellas* son los ángeles de las siete iglesias, y los siete candeleros que has visto, son las siete iglesias". Las *siete estrellas* hablan de los siete ángeles que son los siete mensajeros o líderes que dirigían cada una de las siete iglesias. Los *siete candeleros* hablan de las siete congregaciones.

Apocalipsis 1:4-5 dice: "Juan, a las *siete iglesias* que están en Asia: Gracia y paz a vosotros, del que es y que era y que ha de venir, y de los *siete espíritus* que están delante de su trono; y de *Jesucristo* el testigo fiel, el primogénito de los muertos, y el soberano de los reyes de la tierra".

En estos versículos el apóstol Juan, autor del libro de Apocalipsis, está declarando gracia y paz de parte de tres personas:

Del que es y que era y que ha de venir: entendemos que habla del Padre que ha estado desde siempre.

De los siete espíritus: entendemos que habla del Espíritu Santo.

De Jesucristo: habla del *testigo* fiel que todos sabemos que es el primogénito de los muertos.

El número siete en la Biblia habla de medida perfecta. Es por eso que la semana tiene siete días. Escuché que cada siete días cambiamos de piel y que cada siete años nuestros órganos internos se regeneran. O sea, que cada siete años entramos en un nuevo estado de madurez. En muchas culturas el individuo entra en un estado pleno de madurez a los veintiún años de edad (7 x 3 = 21). Para cuando la criatura llega a sus veintiún años de edad, ya habrá pasado por tres etapas de desarrollo.

Cuando la Biblia habla de los *siete espíritus* de Dios, está hablando del Espíritu Santo en su plena manifestación de poder. A través de toda la Biblia, vemos diferentes manifestaciones del Espíritu Santo; diversas funciones, pero una sola persona.

Gálatas 5:22-23 dice: "Mas el fruto del Espíritu es amor, gozo, paz, paciencia, benignidad, bondad, fe, mansedumbre, templanza; contra tales cosas no hay ley".

Personalmente creo que "el fruto" (en singular con toda la intención) es uno solo: amor. Las ocho cualidades que vienen después son la definición de lo que es amor. Yo leo este versículo de la siguiente manera: "Mas el fruto del Espíritu es amor: gozo, paz, paciencia, benignidad, bondad, fe, mansedumbre, y templanza". Muy a menudo escucho a los predicadores hablar de "los frutos del Espíritu", cuando en realidad la Biblia dice que el fruto es uno solo: amor.

Jesús fue claro y bien enfático con sus discípulos en cuanto al amor. La Biblia dice en 1 Juan 3:10: "En esto se manifiestan los hijos de Dios, y los hijos del diablo: todo aquel que no hace justicia, y que no ama a su hermano, no es de Dios." El apóstol Pablo dijo en 1 de Corintios 13 que podemos hacer muchas cosas buenas en este mundo, pero si no tenemos amor, de nada nos sirve.

"Pero a cada uno le es dada la manifestación del Espíritu para provecho. Porque a este es dada por el Espíritu palabra de sabiduría; a otro, palabra de ciencia según el mismo Espíritu; a otro, fe por el mismo Espíritu; y a otro, dones de sanidades por el mismo Espíritu. A otro, el hacer milagros; a otro, profecía; a otro, discernimiento de espíritus; a otro, diversos géneros de lenguas; y a otro, interpretación de lenguas. Pero todas estas cosas las hace uno y el mismo Espíritu, repartiendo a cada uno en particular como él quiere", 1 de Corintios 12:7-11.

El versículo clave aquí es el once, el cual dice: "Estas cosas las hace uno y el mismo Espíritu".

El Espíritu Santo es una fuente de poder. Toda persona que está llena del Espíritu Santo, y que camina en obediencia, es una persona llena de poder sobrenatural. El apóstol Juan habló del Espíritu Santo lo siguiente: "Pero recibiréis poder, cuando haya venido sobre vosotros el Espíritu Santo, y me seréis testigos en Jerusalén, en toda Judea, en Samaria, y hasta lo último de la tierra", Hechos 1:8; y "Ustedes, queridos hijos, son de Dios y han vencido a esos falsos profetas, porque el que está en ustedes es más poderoso que el que está en el mundo", 1 Juan 4:4 (NBD).

Capítulo 6

Llenos del Espíritu Santo

Llenos del Espíritu Santo

"No os embriaguéis con vino, en lo cual hay disolución; antes bien sed llenos del Espíritu", Efesios 5:18.

Todos estamos llenos de algo o de alguien:

Algunos están llenos de amargura: "Se llenó de amargura mi alma, y en mi corazón sentía punzadas", Salmos 73:21.

Algunos están llenos de trabajo: "Más vale un puño lleno con descanso, que ambos puños llenos con trabajo y aflicción de espíritu", Eclesiastés 4:6.

Algunos están llenos de malas costumbres: "Ciertamente tú has dejado tu pueblo, la casa de Jacob, porque están llenos de costumbres traídas del oriente, y de agoreros, como los filisteos; y pactan con hijos de extranjeros", Isaías 2:6.

Algunos están llenos de demonios: "Habiendo, pues, resucitado Jesús por la mañana, el primer día de la semana, apareció primeramente a María Magdalena, de quien había echado siete demonios", Marcos 16:9.

Todo lo que no está lleno de Dios está vacío y los demonios no desaprovechan los espacios vacíos. La Biblia dice al respecto:

"Cuando el espíritu inmundo sale del hombre, anda por lugares secos, buscando reposo, y no lo halla. Entonces dice: "Volveré a mi casa de donde salí"; y cuando llega, la halla desocupada, barrida y adornada. Entonces va, y toma consigo otros siete espíritus peores que él, y entrados, moran allí; y el postrer estado de aquel hombre viene a ser peor que el primero. Así también acontecerá a esta mala generación", Mateo 12:43-45.

El caso de Ananías y Safira

"Y dijo Pedro: Ananías, ¿por qué llenó Satanás tu corazón para que mintieses al Espíritu Santo, y sustrajeses del precio de la heredad?", Hechos 5:3.

Ananías era un creyente. Formaba parte de la comunidad de fe, razón por la cual el apóstol Pedro y los demás hermanos conocían su nombre y el de su esposa. Ananías, aparentemente, era un hombre generoso: vendió una propiedad y trajo parte de la venta. Cuando llegó al servicio, hizo alarde de su ofrenda haciendo creer que traía la totalidad de la venta. La realidad era que él y su esposa Safira habían planificado mentir para quedar bien con la iglesia, pero se les olvidó que Dios los estaba mirando. El problema no fue la venta de la propiedad ni la ofrenda que llevaron. El problema fue que mintieron, porque, según el apóstol Pedro, Satanás llenó sus corazones. El resultado final fue trágico: él y su esposa murieron.

¿Te preguntas si es posible que Satanás llene el corazón de un creyente? El famoso refrán dice: "Para muestra un botón". El caso de Ananías y de Safira ha sido registrado en la Biblia, para que sepamos que un creyente que no se mantenga lleno del Espíritu de Dios, es un espacio vacío que Satanás no desaprovechará. Situaciones como estas las veo muy a menudo. Como pastor, parte de mi trabajo consiste en conocer a las personas que me siguen y, en muchas ocasiones, lo que veo operando en ellos no es agradable. La Biblia dice: "Amados, no creáis a todo espíritu, sino probad los espíritus si son de Dios; porque muchos falsos profetas han salido por el mundo", 1 Juan 4:1.

Dios nos llena de su Espíritu para realizar tareas específicas

"Y tú hablarás a todos los sabios de corazón, a quienes yo he llenado de espíritu de sabiduría, para que hagan las vestiduras de Aarón, para consagrarle para que sea mi sacerdote", Éxodo 28:3.

"Habló Jehová a Moisés, diciendo: "Mira, yo he llamado por nombre a Bezaleel hijo de Uri, hijo de Hur, de la tribu de Judá; y lo he llenado del Espíritu de Dios, en sabiduría y en inteligencia, en ciencia y en todo arte, para inventar diseños, para trabajar en oro, en plata y en bronce, y en artificio de piedras para engastarlas, y en artificio de madera; para trabajar en toda clase de labor", Éxodo 31:1-5.

Dios ha prometido llenar la tierra

"Porque la tierra será llena del conocimiento de la gloria de Jehová, como las aguas cubren el mar", Habacuc 2:14.

La Biblia dice en Efesios 3:19: "Y de conocer el amor de Cristo, que excede a todo conocimiento, para que seáis llenos de toda la plenitud de Dios". Para estar lleno de Dios, tienes que estar vacío de ti. Con Dios no puedes mezclar las cosas: no puedes estar con Dios y con el diablo también. Gálatas 5:9 dice: "Un poco de levadura leuda toda la masa".

Estar "lleno de toda la plenitud de Dios" significa estar lleno de todo lo que Dios es. La pregunta es: ¿de qué estás lleno tú? La Biblia es enfática en cuanto a de qué debemos estar llenos: "Antes bien sed llenos del Espíritu", Efesios 5:18.

Los discípulos no empezaron su trabajo hasta que no estuvieron llenos del Espíritu Santo:

"Y fueron todos llenos del Espíritu Santo, y comenzaron a hablar en otras lenguas, según el Espíritu les daba que hablasen", Hechos 2:4.

"Cuando hubieron orado, el lugar en que estaban congregados tembló; y todos fueron llenos del Espíritu Santo, y hablaban con denuedo la palabra de Dios", Hechos 2:4.

"Buscad, pues, hermanos, de entre vosotros a siete varones de buen testimonio, llenos del Espíritu Santo y de sabiduría, a quienes encarguemos de este trabajo", Hechos 6:3.

"Aconteció que entre tanto que Apolos estaba en Corinto, Pablo, después de recorrer las regiones superiores, vino a Éfeso, y hallando a ciertos discípulos, les dijo: ¿Recibisteis el Espíritu Santo cuando creísteis? Y ellos le dijeron: Ni siquiera hemos oído si hay Espíritu Santo. Entonces dijo: ¿En qué, pues, fuisteis bautizados? Ellos dijeron: En el bautismo de Juan. Dijo Pablo: Juan bautizó con bautismo de arrepentimiento, diciendo al pueblo que creyesen en aquel que vendría después de él, esto es, en Jesús el Cristo. Cuando oyeron esto, fueron bautizados en el nombre del Señor Jesús. Y habiéndoles impuesto Pablo las manos, vino sobre ellos el Espíritu Santo; y hablaban en lenguas, y profetizaban. Eran por todos unos doce hombres", Hechos 19:1-7.

Hablando en lenguas

Jesús dijo a sus discípulos que recibirían poder cuando viniera sobre ellos el Espíritu Santo, pero no les dijo cómo se manifestaría ese poder. Creo que fue así porque el Espíritu Santo se muestra de maneras ilimitadas. Una de las manifestaciones del Espíritu Santo es que te capacita para hablar en lenguas: "Porque el que habla en lenguas no habla a los hombres, sino a Dios; pues nadie le entiende, aunque por el Espíritu habla misterios. El que habla en lengua extraña, a sí mismo se edifica, pero el que profetiza, edifica a la iglesia", 1 Corintios 14:2-4.

Aunque hablar en lenguas es importante para tu edificación, ese no es el fin. Jesús no prometió lenguas a sus discípulos, les prometió poder. Si nos dedicamos solamente a hablar en lenguas no cambiaremos al mundo, pero sí lo haremos empleando el poder que recibimos a través del Espíritu Santo. Las lenguas que hablaron los discípulos el día en que fueron llenos del Espíritu Santo, eran idiomas entendibles por los judíos que moraban en Jerusalén, pero que no habían nacido en Judea. No tenían el idioma hebreo como su lengua natal, sino el idioma de la región donde habían nacido y crecido. Veamos bien lo que dice el libro de los Hechos 2:5 "Moraban entonces en Jerusalén judíos, varones piadosos, de todas las naciones bajo el cielo". Noten bien que eran "judíos, varones piadosos". Estos habían ido a Jerusalén desde todas partes para adorar, pero escucharon a los discípulos de Jesús hablar por primera vez en su lengua natal; aunque no se convirtieron hasta que escucharon a Pedro predicar en hebreo. Personalmente entiendo que las lenguas les fueron dadas a los discípulos como señal a los inconversos. Los discípulos llevaban diez días reunidos. Para el Señor llamar la atención del pueblo usó tres cosas: el ruido, el fuego sobre las cabezas de los discípulos y las diferentes lenguas. Comentaré un poco más acerca de esto en el capítulo once.

"Porque los judíos piden señales, y los griegos buscan sabiduría", 1 Corintios 1:22.

"Así que, las lenguas son por señal, no a los creyentes, sino a los incrédulos; pero la profecía, no a los incrédulos, sino a los creyentes", 1 Corintios 14:22.

La importancia de la llenura del Espíritu Santo

La llenura del Espíritu Santo convirtió a Pedro, un discípulo cobarde, en un predicador de multitudes.

La llenura del Espíritu Santo convirtió a Saulo de Tarso, que perseguía a los cristianos, en un apóstol del Espíritu Santo, con mucha revelación, quien alcanzó al mundo gentil (no judíos) con el Evangelio del Reino y que entendió y enseñó la Gracia.

Gracias a la llenura del Espíritu Santo, los creyentes del primer siglo tenían una convicción tan fuerte que no les importó el martirio. Fueron servidos como alimento a las bestias hambrientas en los circos romanos y, aun así, la iglesia creció sin limites.

La iglesia de hoy no enfatiza la llenura del Espíritu Santo como lo enfatizó la iglesia del primer siglo.

Una de las primeras cosas que Pablo les preguntó a los discípulos en Éfeso fue: "¿Recibisteis el Espíritu Santo cuando creísteis?", Hechos 19:2.

Algunos maestros de la Biblia enseñan que las manifestaciones del Espíritu Santo, dígase el hablar en otras lenguas, la sanidad divina, la profecía y los milagros, entre otros, no son para nuestra era.

Jesús dijo: "Pero recibiréis poder, cuando haya venido sobre vosotros el Espíritu Santo, y me seréis testigos en Jerusalén, en toda Judea, en Samaria, y hasta lo último de la tierra", Hechos 1:8.

Jesús dijo: "Y estas señales seguirán a los que creen: En mi nombre echarán fuera demonios; hablarán nuevas lenguas; tomarán en las manos serpientes, y si bebieren cosa mortífera, no les hará daño; sobre los enfermos pondrán sus manos, y sanarán", Marcos 16:17-18.

El Señor dijo: "De cierto, de cierto os digo: El que en mí cree, las obras que yo hago, él las hará también; y aun mayores hará, porque yo voy al Padre", Juan 14:12.

En ningún lugar de la Biblia y en ningún libro de historia de la iglesia podremos encontrar un edicto que invalide las palabras de Jesús. Todo lo que Jesús habló sigue tan vigente hoy como en el siglo primero, cuando lo declaró.

Tenemos el registro histórico de que, en el primer siglo, el Padre Celestial envió el Espíritu Santo sobre los ciento veinte seguidores de Jesús que estaban reunidos en el aposento alto durante una de las fiestas de pentecostés, y que los llenó a todos, que hablaron en otros idiomas y que sus vidas fueron cambiadas para siempre. Pero no hay ningún registro que indique que el Padre retiró el Espíritu Santo de la tierra. Algunos maestros de la Biblia enseñan que las manifestaciones del Espíritu Santo no son para nuestra era porque el apóstol Pablo dijo: "Pero las profecías se acabarán, y cesarán las lenguas, y la ciencia acabará", I Corintios 13:8.

Estoy de acuerdo, pero también dijo, cuándo acabarían: "Porque en parte conocemos, y en parte profetizamos; mas cuando venga lo perfecto, entonces lo que es en parte se acabará", I Corintios 13:9-10. Creo que aún no ha venido "lo perfecto". Solo basta con observar la condición de la iglesia en nuestra era para darnos cuenta de que necesitamos al Espíritu Santo como nunca antes. Necesitamos un nuevo y fresco bautismo del Espíritu Santo. Esto no es imposible. Sucedió en 1906, en la calle Azuza de la ciudad de Los Ángeles, California; y casi de manera simultánea en diversas partes del mundo, dando así inicio al Movimiento Pentecostal.

Quiero dejar claro lo siguiente:

El hablar en otras lenguas no es la única manifestación del Espíritu Santo. Cuando los discípulos del primer siglo recibieron el Espíritu Santo, sus vidas fueron transformadas. Predicaban el Evangelio del Reino con denuedo. Perdían el miedo a la muerte. Había una entrega total. Todo lo tenían en común. Transformaron comunidades, ciudades y países.

Necesitamos lo que ellos tenían y, lo que ellos tenían, provino de una sola persona: el Espíritu Santo.

Jesús dijo: "Pero recibiréis poder, cuando haya venido sobre vosotros el Espíritu Santo, y me seréis testigos en Jerusalén, en toda Judea, en Samaria, y hasta lo último de la tierra", Hechos 1:8.

Capítulo 7

El amor y la obediencia

El amor y la obediencia

"Si ustedes me aman, obedecerán mis mandamientos. Y yo le pediré al Padre, y él les dará otro Consolador para que los acompañe siempre", Juan 14:15-16 (NBD). Vemos en estos versículos que Jesús prometió pedirle a su Padre que envíe a otro Consolador, pero para recibirlo hay dos requisitos: amor y obediencia.

Jesús fue bien específico en decir que las personas que le aman le obedecerán. Mateo 22:37-38 dice: "Jesús le dijo: Amarás al Señor tu Dios con todo tu corazón, y con toda tu alma, y con toda tu mente. Este es el primer y más grande mandamiento". No existe mandamiento que anteceda ni que sea mayor a este. Amar a Dios es el más grande de los mandamientos. Podemos ser drásticos y decir que toda persona que dice amar a Dios, y no le obedece, miente. Dios aborrece tanto la desobediencia, que rehúsa darle su Espíritu Santo al desobediente. Todo creyente debe estar lleno del Espíritu Santo para recibir el poder que necesita para ser testigo de Jesucristo. Hechos 1:8 dice: "Recibiréis poder, cuando haya venido sobre vosotros el Espíritu Santo, y me seréis testigos". Todo creyente que no ha recibido el Espíritu Santo, carece del poder necesario para ser testigo de Jesucristo. Cabe mencionar que Jesús les dio instrucciones específicas a sus discípulos para que esperaran en Jerusalén la llegada del Espíritu Santo, y que una vez el Espíritu Santo viniera a ellos, recibirían poder y se convertirían en testigos. Uno de los problemas que tenemos en nuestros días es que hay "testigos" que no tienen el Espíritu Santo y es por eso que carecen de poder, razón por la cual no estamos viendo mayores obras sobrenaturales ocurrir en el Cuerpo de Cristo. Los dones de poder que les mencioné en el capítulo cuatro operan a través de aquellos que han recibido el Espíritu Santo. Dios solo le otorga este tipo de poder a las personas que le aman y le obedecen.

De la misma forma en que el amor y la obediencia no son cosas del pasado, tampoco lo es el Espíritu Santo. No entiendo cómo existen seminarios bíblicos que enseñan a sus estudiantes que la llenura del Espíritu Santo no es para hoy. Entonces, no puedo pensar en otra razón por la cual muchos ministros hoy están declarando ser ateos. Una persona que ha recibido el Espíritu Santo difícilmente vuelve atrás. Podrá tropezar y tener momentos de debilidad, pero nunca niega a su Señor porque fue sellado con el Espíritu Santo de la promesa.

"En él también vosotros, habiendo oído la palabra de verdad, el evangelio de vuestra salvación, y habiendo creído en él, fuisteis sellados con el Espíritu Santo de la promesa", Efesios 1:13.

No importa si tu denominación no cree que la llenura del Espíritu Santo sea para hoy. Si esa llenura es algo que Dios está ofreciendo a los que le aman y le obedecen, tú también deberías querer recibirla.

Jesús prometió a sus discípulos otro Consolador (Juan 14:16). La palabra *otro* significa uno distinto, o uno más de lo mismo.

De acuerdo con el diccionario griego *Strong's*, la palabra *otro,* en este pasaje en particular, es la palabra *allōs* (ἄλλος *en Griego Koiné)*, que significa uno más del mismo. En otras palabras, Jesús les dijo a sus discípulos: "Le voy a pedir al Padre que envíe otro como Yo". La palabra utilizada para *consolador* en el griego es la palabra *parakletos,* que significa intercesor, consolador, edredón. La definición más popular para *edredón* es la siguiente: pieza de tela acolchada, más o menos gruesa, rellena de plumas de ave, fibra sintética u otro material, que cubre las sábanas y mantas de una cama y sirve de adorno y de abrigo. La mejor definición de la palabra *parakletos* es "abogado defensor". El Espíritu Santo es el abogado al que no se le puede engañar, porque lo ve todo y lo sabe todo.

Jesús, hablando del Espíritu Santo, también dijo: "Pero cuando venga el Espíritu de verdad, él os guiará a toda la verdad; porque no hablará por su propia cuenta, sino que hablará todo lo que oyere, y os hará saber las cosas que habrán de venir", Juan 16:13. Este pasaje me resulta muy, pero muy interesante. Hay dos cosas que me llaman la atención:

"Porque no hablará por su propia cuenta". Nunca oirás al Espíritu Santo hablar de sí mismo. En las Escrituras vemos que Dios, en múltiples ocasiones, dice: "Yo Soy Dios y fuera de mí no hay otro"; Jesús hablando de sí mismo dice: "Yo soy el camino, la verdad y la vida"; mas nunca encontrarás al Espíritu Santo hablando de sí mismo. Sin embargo, la persona de mayor influencia y poder en la tierra hoy es el Espíritu Santo por el simple hecho de haber sido enviado por el Padre a nosotros para ayudarnos. Todo aquel que rechaza al Espíritu Santo, rechaza al que lo envió.

El Espíritu Santo es tan importante, que Jesús dice de Él lo siguiente: "De cierto os digo que todos los pecados serán perdonados a los hijos de los hombres, y las blasfemias cualesquiera que sean; pero cualquiera que blasfeme contra el Espíritu Santo, no tiene jamás perdón, sino que es reo de juicio eterno", Marcos 3:28-29.

Creo que este pasaje es bastante claro y que no necesita interpretación ni explicación. Solo deseo definir la palabra blasfemia. La palabra utilizada aquí en el griego es la palabra *blasfemeo*, que significa hablar impíamente, hablar mal de, injuriar, calumniar. Mi definición favorita para blasfemia es

El amor y la obediencia

atribuirle al diablo méritos que le corresponden al Espíritu Santo. En otras palabras, decir que algo es del diablo cuando en realidad es obra del Espíritu Santo. Por ejemplo, cuando empezó la restauración de las artes en la iglesia en los años ochenta, se me dijo: "la restauración es del diablo", "la danza es del diablo", "la pantomima en la iglesia es del diablo" y hasta "los del movimiento de restauración son del diablo". Inclusive, hubo denominaciones que no permitían el uso de la batería en sus servicios de adoración porque decían que los tambores eran del diablo. En realidad, me pareció que la mayoría de las cosas que hoy disfrutamos en un servicio de adoración eran del diablo. Fue tanta mi confusión, que en ocasiones pensé que yo estaba equivocado porque en las iglesias de restauración era donde Dios más me usaba en esa época para su honra y su gloria. Pero, ¡su presencia era innegable y su gloria era palpable! Así que eso, señores, era blasfemia. Ante tanta ignorancia, me convenzo una y otra vez de que nuestro Padre Celestial es muy misericordioso.

"Hablará todo lo que oyere, y os hará saber las cosas que habrán de venir", Juan 16:13. La gran mayoría de las personas que conozco quieren saber cuáles son las cosas que habrán de venir. Jesús dijo que la persona que nos puede dar esa clase de información es el Espíritu Santo. Yo lo veo de esta manera: el Espíritu Santo forma parte de la junta directiva del Cielo en calidad de tercera persona de la Divina Trinidad. Él sabe todo lo que allá se discute concerniente a todos nosotros.

Si quieres saber, tienes que dedicar tiempo para escucharlo a Él. El Espíritu Santo es caballeroso y nunca se impondrá sobre tu voluntad, pero es muy probable que lleve mucho tiempo tratando de llamar tu atención. Él te puede despertar de madrugada para que ores, pero nunca te sacará de la cama. Él puede crear circunstancias para que no puedas salir de la casa o hacer que se interrumpa el servicio de cable o de Internet para que no tengas distracción durante algunas horas, pero no te obligará a doblar tus rodillas en su presencia. Yo, personalmente, le he pedido al Señor que no recurra a medidas drásticas como el encarcelamiento para llamar mi atención hacia Él, como le pasó en ocasiones al apóstol Pablo. Fue desde la cárcel que Pablo escribió varias de las cartas que hoy se encuentran en la Biblia. Es por eso que trato siempre de mantener mis oídos abiertos a su voz. Jesús presenta al Espíritu Santo como el Espíritu de verdad y como guía. Todos los que se dejan dirigir por el Espíritu Santo, son guiados por Él a toda verdad.

No hay límites en lo que el Espíritu Santo puede hacer, pero debemos ponernos de acuerdo con Él.

La Biblia dice en Lucas 1:30-37: "Entonces el ángel le dijo: María, no temas, porque has hallado gracia delante de Dios. Y ahora, concebirás en tu vientre, y darás a luz un hijo, y llamarás su nombre

Jesús. Este será grande, y será llamado Hijo del Altísimo; y el Señor Dios le dará el trono de David su padre; y reinará sobre la casa de Jacob para siempre, y su reino no tendrá fin. Entonces María dijo al ángel: ¿Cómo será esto? pues no conozco varón. Respondiendo el ángel, le dijo: El Espíritu Santo vendrá sobre ti, y el poder del Altísimo te cubrirá con su sombra; por lo cual también el Santo Ser que nacerá, será llamado Hijo de Dios. Y he aquí tu parienta Elisabet, ella también ha concebido hijo en su vejez; y este es el sexto mes para ella, la que llamaban estéril; porque nada hay imposible para Dios".

Para Dios no existe cosa alguna que sea imposible. Mientras el Espíritu Santo habite en nosotros, Él hará que sea posible todo lo que humanamente es imposible. La Biblia dice: "Hijitos, vosotros sois de Dios, y los habéis vencido; porque *mayor es el que está en vosotros*, que el que está en el mundo", 1 Juan 4:4.

Creo, sinceramente, que muchos creyentes desconocen la existencia de este pasaje en la Biblia. En el mejor de los escenarios algunos lo repiten, como el papagayo: sin conocimiento; pero que en realidad no lo creen. Si lo creyeran, su manera de actuar ante las adversidades sería distinta. No existe sobre la faz de la tierra persona alguna que sea más poderosa que el Espíritu Santo.

Volviendo a Lucas 1:30-37, el versículo 35 dice: "Respondiendo el ángel, le dijo: El Espíritu

Santo vendrá sobre ti, y el poder del Altísimo te cubrirá con su sombra; por lo cual también el Santo Ser que nacerá, será llamado Hijo de Dios". ¡Eso está perfecto!, pero la tarea de María era declarar el nombre del bebé y decir quién era el padre. Recordemos que Jesús les dijo a sus discípulos que recibirían poder cuando viniera el Espíritu Santo sobre ellos (Hechos 1:8), pero que ellos se convertirían en sus testigos. Creo que un testigo en un tribunal de nada sirve si no está dispuesto a declarar. Así que, si María se hubiera quedado callada, probablemente Jesús habría crecido con otro nombre y el plan de Dios se habría trastocado, o Dios hubiera tenido que levantar a otra persona para declarar el nombre de su hijo. Para decir esto, me baso en la experiencia que vivió el sumo sacerdote Zacarías, padre de Juan el bautista.

Veamos lo que relata Lucas 1:8-20: "Aconteció que, ejerciendo Zacarías el sacerdocio delante de Dios, según el orden de su clase, conforme a la costumbre del sacerdocio, le tocó en suerte ofrecer el incienso, entrando en el santuario del Señor. Y toda la multitud del pueblo estaba fuera orando a la hora del incienso. Y se le apareció un ángel del Señor puesto en pie a la derecha del altar del incienso. Y se turbó Zacarías al verle, y le sobrecogió temor. Pero el ángel le dijo: Zacarías, no temas; porque tu oración ha sido oída, y tu mujer Elisabet te dará a luz un hijo, y llamarás su nombre Juan. Y tendrás gozo y alegría, y muchos se regocijarán de su nacimiento;

porque será grande delante de Dios. No beberá vino ni sidra, y será lleno del Espíritu Santo, aun desde el vientre de su madre. Y hará que muchos de los hijos de Israel se conviertan al Señor Dios de ellos. E irá delante de él con el espíritu y el poder de Elías, para hacer volver los corazones de los padres a los hijos, y de los rebeldes a la prudencia de los justos, para preparar al Señor un pueblo bien dispuesto. Dijo Zacarías al ángel: ¿En qué conoceré esto? Porque yo soy viejo, y mi mujer es de edad avanzada. Respondiendo el ángel, le dijo: Yo soy Gabriel, que estoy delante de Dios; y he sido enviado a hablarte, y darte estas buenas nuevas. Y ahora quedarás mudo y no podrás hablar, hasta el día en que esto se haga, por cuanto no creíste mis palabras, las cuales se cumplirán a su tiempo",

El mismo ángel Gabriel, que visitó a María para darle las buenas nuevas, visitó primero a Zacarías durante su tarea sacerdotal en el templo. A diferencia de María, Zacarías dudó y el ángel Gabriel lo enmudeció. Lo siguiente fue lo que ocurrió cuando fueron a dedicar al niño:

"Cuando a Elisabet se le cumplió el tiempo de su alumbramiento, dio a luz un hijo. Y cuando oyeron los vecinos y los parientes que Dios había engrandecido para con ella su misericordia, se regocijaron con ella. Aconteció que al octavo día vinieron para circuncidar al niño; y le llamaban con el nombre de su padre, Zacarías; pero respondiendo su madre, dijo: No; se llamará Juan. Le dijeron: ¿Por qué? No hay nadie en tu parentela que se llame con ese nombre. Entonces preguntaron por señas a su padre, cómo le quería llamar. Y pidiendo una tablilla, escribió, diciendo: Juan es su nombre. Y todos se maravillaron. Al momento fue abierta su boca y suelta su lengua, y habló bendiciendo a Dios", Lucas 1:57-64.

Zacarías recobró el habla de manera sobrenatural. Cuando nos ponemos de acuerdo con el Espíritu Santo y declaramos la Palabra de Dios, cosas sobrenaturales ocurren.

Me asombra la poca atención que los padres le prestan a la voz del Espíritu Santo cuando están esperando un bebé en la familia. Cada criatura viene con un propósito. El deber de los padres es declarar ese propósito conforme a las directrices del Espíritu Santo.

La buena noticia

"El Espíritu de verdad, al cual el mundo no puede recibir, porque no le ve, ni le conoce; pero vosotros le conocéis, porque mora con vosotros, y estará en vosotros", Juan 14:17.

"Pero yo os digo la verdad: Os conviene que yo me vaya; porque si no me fuera, el Consolador no vendría a vosotros; mas si me fuere, os lo enviaré", Juan 16:7.

"El Espíritu de Dios, quien levantó a Jesús de los muertos, vive en ustedes; y así como Dios levantó a Cristo Jesús de los muertos, él dará vida a sus cuerpos mortales mediante el mismo Espíritu, quien vive en ustedes", Romanos 8:11 (NTV).

Capítulo 8

Las instrucciones de Jesús

Las instrucciones de Jesús

"Y estando juntos, les mandó que no se fueran de Jerusalén, sino que esperasen la promesa del Padre, la cual, les dijo, oísteis de mí. Porque Juan ciertamente bautizó con agua, mas vosotros seréis bautizados con el Espíritu Santo dentro de no muchos días. Entonces los que se habían reunido le preguntaron, diciendo: Señor, ¿restaurarás el reino a Israel en este tiempo? Y les dijo: No os toca a vosotros saber los tiempos o las sazones, que el Padre puso en su sola potestad; pero recibiréis poder, cuando haya venido sobre vosotros el Espíritu Santo, y me seréis testigos en Jerusalén, en toda Judea, en Samaria, y hasta lo último de la tierra", Hechos 1:4-8.

"Jesús les contestó: El Padre es el único que tiene la autoridad de decidir las horas o las fechas. A ustedes no les corresponde saberlo. Pero cuando el Espíritu Santo venga sobre ustedes, recibirán poder.

Serán mis testigos en Jerusalén, en toda la región de Judea, en Samaria y en todo el mundo", Hechos 1:7-8 (PDT).

La persona más importante en el planeta Tierra es el Espíritu Santo. El tema más importante en el planeta Tierra es el tema del Espíritu Santo. La persona de mayor influencia en este mundo es el Espíritu Santo. La persona de mayor autoridad es el Espíritu Santo. La persona más ignorada en el planeta Tierra, aún dentro de la iglesia, es el Espíritu Santo.

El Espíritu Santo es tan importante que Jesús, antes de regresar al cielo, les dijo a sus discípulos que no se fueran de Jerusalén hasta que no lo recibieran: "Y estando juntos, les mandó que no se fueran de Jerusalén, sino que esperasen la promesa del Padre, la cual, les dijo, oísteis de mí", Hechos 1:4.

La iglesia comenzó en Hechos 2:4 con la llegada del Espíritu Santo. Quiere decir que, sin el Espíritu Santo, no hay iglesia. Pero en nuestros días, la iglesia moderna ha estado sacando al Espíritu Santo de su agenda: limitando el mover del Espíritu Santo "para que nadie se asuste", prohibiendo el hablar lenguas en los servicios "para que nadie se incomode". Muchos músicos y cantantes están más interesados en técnicas y apariencias que lo que están en crear el escenario correcto para que el Espíritu Santo se manifieste.

El Espíritu Santo es tan importante que sin Él no hay iglesia. Sin el Espíritu Santo no hay nueva conversión. Sin el Espíritu Santo no hay verdad revelada. Sin el Espíritu Santo no hay activación de los nueve dones del Espíritu. Sin el Espíritu Santo no hay forma de saber qué es lo que el Padre Celestial espera de nosotros.

Juan 16:13 dice: "Pero cuando venga el Espíritu de verdad, Él os guiará a toda la verdad; porque no hablará por su propia cuenta, sino que hablará todo lo que oyere, y os hará saber las cosas que habrán de venir".

Hay conversaciones que se sostienen en el ámbito celestial y el Espíritu Santo está en todas esas reuniones. Él es la única persona en este mundo que nos puede decir lo que allá se está conversando acerca de nosotros. Al momento de leer este libro, todos tenemos la sensación de que está a punto de acontecer algo en el planeta Tierra, algo nuevo, algo diferente, pero nadie puede decir con certeza qué será, salvo el Espíritu Santo. Jesús, hablando del Espíritu Santo, dijo: "Os hará saber las cosas que habrán de venir", Juan 16:13.

Hechos 1:6 dice: "Entonces los que se habían reunido le preguntaron, diciendo: Señor, ¿restaurarás el reino a Israel en este tiempo?". Esta es una pregunta política. Siendo Israel un país soberano que tuvo quince jueces y tres reyes que gobernaron el reino cuando estaba unido, cuando el reino se dividió hubo diecinueve reyes que gobernaron sobre Israel y veinte reyes que gobernaron sobre Judá.

Siendo una nación que había sido soberana, estaba siendo gobernada por un emperador romano. Así que, había serios problemas políticos en la región y los discípulos, judíos, hicieron una pregunta política: "¿restaurarás el reino a Israel en este tiempo?". En otras palabras: ¿volveremos a ser un país soberano?, ¿dejaremos de ser una colonia de Roma?, ¿podremos tener como antes un rey que sea judío?, ¿serás tú nuestro rey?, ¿podremos disponer de nuestros recursos sin rendirle cuentas a Roma?, ¿tendremos nuestro propio sistema de gobierno?, ¿seremos un pueblo libre como antes?

"Jesús les contestó: El Padre es el único que tiene la autoridad de decidir las horas o las fechas. A ustedes no les corresponde saberlo", Hechos 1:7. En otras palabras, ese problema no es de ustedes, no se preocupen por eso, el Padre se encargará de ese problema. Inmediatamente, retomó la conversación y les dijo: "Pero recibiréis poder, cuando haya venido sobre vosotros el Espíritu Santo, y me seréis testigos en Jerusalén, en toda Judea, en Samaria, y hasta lo último de la tierra", Hechos 1:8. Jesús hizo esas declaraciones en el Siglo I. Israel nunca volvió a ser un país soberano, sino hasta mediados del Siglo XX.

En nuestros días, la preocupación de la gran mayoría de las personas, incluyendo los discípulos modernos, tiene que ver con la política. En junio de

2016, estando en un crucero por el Mar Mediterráneo con mi familia, una tarde me dispuse a descansar en una de las cubiertas del barco, mientras esperaba a que mi esposa y mi hija terminaran de arreglarse para la cena de la noche. Un caballero alto y delgado de mediana edad, junto a su esposa y tres hijos, se sentó a mi lado. Siendo yo una persona sociable, empezamos una conversación. La familia era de India y el caballero era un hombre de negocios, muy educado y muy versado, con un inglés excelente, sorprendentemente, y el 90% de nuestra conversación se basó en la política norteamericana. Pude notar que le preocupaba mucho el futuro político de los Estados Unidos. En nuestra era, pareciera que la mayoría de los países están enfrentando algún tipo de conflicto de índole político.

Los seguidores de Jesús estaban genuinamente interesados en saber cuál sería el futuro político de Israel y Jesús les dijo en palabras finas que, el estar llenos del Espíritu Santo, para ellos, era un tema de mayor relevancia. Jesús les dijo que no se preocuparan por eso, que se ocuparan más bien en ser llenos del Espíritu Santo, y que cuando lo estuvieran, recibirían el poder que les convertiría en sus testigos. La palabra en el griego para describir lo que recibirían es la palabra *dúnamis* que quiere decir *fuerza, poder para producir milagros, capacidad, abundancia, dinamita.*

¿Cuál era la preocupación de los discípulos? Saber cuándo Jesús restauraría el reino. ¿Cuál fue la instrucción que les dio Jesús? ¡Sean llenos del Espíritu Santo!

"Pero cuando venga el Espíritu de verdad, él os guiará a toda la verdad; porque no hablará por su propia cuenta, sino que hablará todo lo que oyere, y os hará saber las cosas que habrán de venir", Juan 16:13.

La intención de Jesús nunca fue retirarse de la tierra dejándonos en la oscuridad y en la ignorancia sin saber lo que sucedería. Lo que quiso es que fuéramos llenos del Espíritu Santo. El Espíritu Santo sabe exactamente lo que sucede y lo que debemos hacer y nos lo quiere comunicar. Pero, para esto, debemos relacionarnos con Él.

Si estás en busca de dirección para tu vida, tu matrimonio, tu hogar, tu ministerio, tu trabajo, tu negocio, procura tener una buena relación con el Espíritu Santo y llénate de Él cada día; así tendrás el poder para enfrentarte a cualquier situación y ser testigo de Jesús.

Capítulo 9

La profecía y los profetas

La profecía y los profetas

"Creed en Jehová vuestro Dios, y estaréis seguros; creed a sus profetas, y seréis prosperados", Crónicas 20:20.

Aunque, desde la antigüedad, los profetas siempre han jugado un papel muy importante en la tierra, personalmente no creo que el plan original de Dios haya sido que las profecías fueran manejadas exclusivamente por los profetas, para comunicarse con el hombre, pues su intención siempre ha sido comunicarse con sus hijos directamente. Adán no necesitaba profetas ni profecías para conocer la voluntad de Dios; Dios mismo hablaba con él. Por causa del distanciamiento entre el hombre y Dios (resultado del pecado de la desobediencia), surgió la necesidad de quienes anunciaran a su generación: "así dice el Señor".

El hecho de que Dios tenga que usar un profeta para hablarle al hombre es porque el hombre no tiene la capacidad o ha sido privado de la capacidad de escuchar a Dios directamente. En el Antiguo Testamento vemos grandes personajes que fueron usados por Dios en calidad de profetas: Moisés, Samuel, Isaías, Jeremías, Ezequiel, y Daniel, entre muchos otros. Jesús dijo que el mayor de todos estos profetas fue Juan, y la razón de su grandeza es sencilla: todos los profetas antes de Juan profetizaron la venida del Mesías, pero Juan no solo lo profetizó, sino que también lo vio.

En nuestros días existen profetas en la tierra. Algunos son de Dios y otros no lo son, aunque se llamen a sí mismos profetas. La Biblia establece lo siguiente:

"Edificados sobre el fundamento de los apóstoles y profetas, siendo la principal piedra del ángulo Jesucristo mismo", Efesios 2:20.

Los libros del Antiguo Testamento fueron escritos mayormente por profetas y los libros del Nuevo Testamento fueron escritos mayormente por apóstoles. Por lo tanto, al edificar, debemos hacerlo sobre el fundamento de la Palabra. La "Palabra" encarnada es Cristo, quien también es la "piedra de ángulo".

"No toquéis, dijo, a mis ungidos, ni hagáis mal a mis profetas", Salmos 105:15.

Dios Creador es sumamente celoso con las personas que Él elige para servirle. La versión Dios Habla Hoy interpreta este versículo de la siguiente manera: "No toquen a mis elegidos, ni les hagan daño a mis profetas".

En nuestros días existe demasiado irrespeto hacia los ministros de Dios. Entiendo que algunos han dado malos ejemplos de lo que es ser un profeta de Dios, pero la gran mayoría se dedican a hacer las cosas bien. No debemos etiquetar a todos por igual. Conozco muchas historias en las que la vida de una persona dependió de un mensaje que Dios le envió en un momento oportuno a través de uno de sus profetas.

"Y a unos puso Dios en la iglesia, primeramente, apóstoles, luego profetas, lo tercero maestros, luego los que hacen milagros, después los que sanan, los que ayudan, los que administran, los que tienen don de lenguas", 1 Corintios 12:28.

"Y él mismo constituyó a unos, apóstoles; a otros, profetas; a otros, evangelistas; a otros, pastores y maestros", Efesios 4:11.

Veamos este mismo versículo en otras tres versiones diferentes:

"Y Él dio unos, apóstoles; y otros, profetas; y otros, evangelistas; y otros, pastores y maestros", (Sagradas Escrituras).

"Y Él dio a algunos *el ser* apóstoles, a otros profetas, a otros evangelistas, a otros pastores y maestros", (BLA).

"Y Él mismo dio unos, ciertamente apóstoles; y otros, profetas; y otros, evangelistas; y otros, pastores y doctores", (RV 1909).

La palabra constituyó (utilizada en la versión Reina Valera), y la palabra dio (utilizada en las otras tres versiones) en el griego son la misma palabra: *didomi* De acuerdo al diccionario Strong, *didomi* es una forma prolongada de un verbo primario que se usa como una alternativa en la mayoría de los tiempos verbales. En otras palabras, es una palabra progresiva. Siendo así, Efesios 4:11 debería ser leído de la siguiente manera: "Y Él mismo constituyó, constituye y seguirá constituyendo a unos, apóstoles; a otros, profetas; a otros, evangelistas; a otros, pastores y maestros".

¿Por qué? "A fin de perfeccionar a los santos para la obra del ministerio, para la edificación del cuerpo de Cristo", Efesios 4:12.

¿Hasta cuándo? "Hasta que todos lleguemos a la unidad de la fe y del conocimiento del Hijo de Dios, a un varón perfecto, a la medida de la estatura de la plenitud de Cristo", Efesios 4:13.

¿Para qué? "Para que ya no seamos niños fluctuantes, llevados por doquiera de todo viento de doctrina, por estratagema de hombres que para engañar emplean con astucia las artimañas del error", Efesios 4:14.

Más que la pregunta de, si existen los apóstoles y profetas, o no, es una aseveración de que sí existen y que los necesitamos para llegar "a la medida de la estatura de la plenitud de Cristo". Mientras que los creyentes continúen comportándose como "niños fluctuantes", sabemos que aún no hemos llegado.

Actos proféticos

Cuando comenzamos a desarrollar nuestro ministerio en Puerto Rico, la isla era propensa a recibir los embates de los huracanes que pasan todos los años por el Caribe. En 1998, recibimos una palabra profética del apóstol Rony Chaves, en la que el Señor nos indicaba que debíamos celebrar un Congreso Internacional de Adoración. En enero de 1999, comenzamos los preparativos para la celebración de dicho congreso que se celebraría en septiembre de ese mismo año. Durante los preparativos alguien hizo una pregunta: "¿Y qué haremos si viene un huracán?", pues la temporada de huracanes en el Caribe ocurre entre los meses de junio y noviembre. Cuando escuché esa pregunta, me acordé de cómo el Huracán Hugo devastó la isla en 1989, y de todos los estragos que hizo el Huracán Georges en 1998. Mi respuesta a tal pregunta fue la de un líder: "No se preocupen, no habrá huracán este año". Debo admitir que en mí sí había una seria preocupación, pues perderíamos todo el dinero invertido. Además, dos de los invitados internacionales me estaban pidiendo garantía de que no habría huracanes durante las fechas del congreso, pues de lo contrario, no asistirían.

Tan pronto me dispuse a orar por esta situación, el Espíritu de Dios me habló enfáticamente diciéndome: "Tú sabes exactamente lo que tienes que hacer". ¡Muy cierto! Convoqué a todos mis intercesores y establecimos la fecha y hora en que saldríamos a la costa este de Puerto Rico (área por donde generalmente entran los huracanes) para orar y hacer varios actos proféticos. Conseguimos un listado de los huracanes pronosticados para pasar por el Caribe ese año y salimos un sábado a las cuatro de la madrugada desde nuestra ciudad, sede Guaynabo, hacia la ciudad de Fajardo, en la costa este de Puerto Rico. Fue una experiencia maravillosa. Vimos el nacimiento de un nuevo día, mientras adorábamos y declarábamos el impedimento de la entrada de huracanes a Puerto Rico ese año. Llegó el verano de 1999 y los huracanes empezaron a desfilar por el Caribe, pero ni uno solo tocó a Puerto Rico. Entonces, en septiembre se celebró el Congreso y todos quedamos felices.

En el mes de noviembre de ese año salí a un compromiso en México. Vi por las noticias que se avecinaba un huracán a Puerto Rico por la costa suroeste. Era algo totalmente inusual. Supe, entonces, que el enemigo quería dejarnos en vergüenza y socavar nuestra fe. Rápidamente me comuniqué con mis intercesores en Puerto Rico y les di la instrucción de hacer un viaje relámpago al suroeste de la isla y que hicieran lo mismo que hicimos en Fajardo a principio de ese año. Se hizo el viaje y los actos proféticos. Finalmente, el huracán no pudo entrar a la isla, la mano de Dios lo detuvo. Con esta experiencia concluimos que nuestras salidas a las costas para orar se tenían que hacer alrededor de toda la isla.

Desde 1999, cuando iniciamos nuestras salidas a las costas, nunca hemos dejado de hacerlo. Para la gloria de Dios, no habíamos vuelto a tener ni un solo huracán entrando a Puerto Rico en diecinueve años, hasta que en septiembre de 2017 los huracanes Irma y María devastaron nuestra isla. Muchos me preguntaron: ¿quién envió esos dos huracanes a Puerto Rico? ¿Dios? ¿El diablo? ¿La naturaleza? Mi respuesta fue siempre la misma ¡yo no sé! Lo que sí sé es que Dios es soberano y, lo que no impide, lo permite. A pesar de lo catastróficos que fueron estos dos huracanes, hemos visto que la Isla fue beneficiada en varias áreas:

El mundo entero se unió en oración a favor de Puerto Rico. Nunca antes en la historia de Puerto Rico había tantas personas orando a la misma vez en favor de la Isla.

La iglesia se levantó a hacer labor comunitaria. La iglesia llegó a las áreas afectadas por los huracanes, aún antes de que llegara el gobierno, a ofrecer ayuda, a llevar agua, comida, ropa, entre otros.

La infraestructura eléctrica en Puerto Rico estaba obsoleta, razón por la cual la isla entera se quedó sin energía eléctrica. En el momento de escribir este libro, han transcurrido cinco meses del paso de los huracanes y todavía hay un alto porcentaje de la población nacional que no tiene energía eléctrica. A raíz de la devastación, el gobierno no solo está restaurando la infraestructura eléctrica, sino que la están construyendo mejor.

Los dos huracanes no empobrecieron a Puerto Rico, sino que se reveló la pobreza que ya existía. Esta pobreza ya no se puede tapar ni ignorar más.

El gobierno federal cobró un interés mayor en las necesidades existentes en la isla y las ayudas económicas están llegando para atender esas necesidades.

Es triste todo lo sucedido, pero vislumbramos a un Puerto Rico mucho mejor y más bello de lo que era antes de los huracanes. Cabe mencionar que continuaremos con nuestras giras de oración alrededor de la isla, pidiéndole al Señor que nos libre de futuros huracanes y de otros peligros atmosféricos.

Tres niveles diferentes en los que se mueve la profecía

Espíritu de profecía

"Porque podéis profetizar todos uno por uno, para que todos aprendan, y todos sean exhortados", 1 Corintios 14:31.

De acuerdo con este pasaje, todos podemos profetizar, todos debemos aprender a profetizar y ninguno está exento de ser exhortado.

El peligro que se forma en esta dinámica es que hay quienes piensan que, porque profetizaron una o dos veces, ya tienen el don de la profecía o ya son profetas. A través de mis años en la iglesia, he escuchado a centenares de personas profetizar y la gran mayoría no han sido educadas para hacerlo correctamente. Esto se sabe porque cometen errores como: "Así dice el Espíritu Santo: Iglesia mía, amada mía, con quien tengo amores y por quien di mi vida...". En todo caso, Jesús es el Novio y fue Él quien dio su vida por su Novia, la Iglesia. Cuando se da una palabra profética debemos, por lo menos, determinar claramente de quién viene el mensaje.

Hay quienes piensan que, porque tienen una profecía para dar a la iglesia, esta no puede ser corregida y, mucho menos, juzgada. La realidad es que todo hermano (aprendiz) que traiga una profecía, se expone a que esta sea juzgada conforme a la Palabra de Dios.

"Y los espíritus de los profetas están sujetos a los profetas", 1 Corintios 14:32.

"Pues Dios no es Dios de confusión, sino de paz. Como en todas las iglesias de los santos", 1 Corintios 14:33.

Don de profecía

Hay quienes tienen el don de profecía y se nota, pues pueden estar durante horas profetizando y son muy acertados en lo que dicen. De ninguna manera estos deben ser confundidos con aquellos que son llamados a ser profetas.

"Ahora bien, hay diversidad de dones, pero el Espíritu es el mismo", 1 Corintios 12:4.

"Y hay diversidad de operaciones, pero Dios, que hace todas las cosas en todos, es el mismo", 1 Corintios 12:6.

"Porque a este es dada por el Espíritu palabra de sabiduría; a otro, palabra de ciencia según el mismo Espíritu", Corintios 12:8.

"A otro, fe por el mismo Espíritu; y a otro, dones de sanidades por el mismo Espíritu", Corintios 12:9.

"A otro, el hacer milagros; a otro, profecía; a otro, discernimiento de espíritus; a otro, diversos géneros de lenguas; y a otro, interpretación de lenguas", Corintios 12:10.

El profeta como regalo a la iglesia

En cuanto al profeta como don (regalo) a la iglesia, el apóstol Pablo nos enseña que es un ministerio fundamental en la iglesia. Los apóstoles trabajan estableciendo el fundamento de la iglesia, pero también enderezándolo cuando está torcido.

"Y él mismo constituyó a unos, apóstoles; a otros, profetas; a otros, evangelistas; a otros, pastores y maestros", Efesios 4:11.

"Y a unos puso Dios en la iglesia, primeramente, apóstoles, luego profetas, lo tercero maestros, luego los que hacen milagros, después los que sanan, los que ayudan, los que administran, los que tienen don de lenguas. ¿Son todos apóstoles? ¿Son todos profetas? ¿Todos maestros? ¿Hacen todos milagros? ¿Tienen todos dones de sanidad? ¿Hablan todos lenguas? ¿Interpretan todos?", Corintios 12:28-30.

Varias características del verdadero ministerio profético

Profeta, en la lengua hebrea *nabhi,* es uno del cual proviene un mensaje de Dios, uno que habla abiertamente, un proclamador de un mensaje divino, uno que tiene intimidad inmediata con Dios, uno que interpreta los oráculos de Dios, uno sobre el cual el Espíritu de Dios reposa.

Ser profeta es un don ministerial, es un regalo a la iglesia.

"Cristo mismo le dio dones a la gente: a unos, el don de ser apóstoles; a otros el de ser profetas; a otros el de anunciar la buena noticia de salvación; y a otros el de ser pastores y maestros. Él dio esos dones para preparar a su pueblo santo para el trabajo de servir y fortalecer al cuerpo de Cristo", Efesios 4:11-12.

Los profetas se mantienen espiritual y moralmente limpios para que el Señor los pueda usar como mensajeros en cualquier momento. Es indispensable que los profetas vivan una vida de santidad y de constante consagración.

Los profetas son llamados por Dios, no por los hombres.

Nadie puede votar para elegir un verdadero profeta del Señor, como algunas iglesias hacen para elegir a sus pastores.

Hoy Dios está levantando profetas que están volviendo locos a los fariseos y a los doctores de la ley de nuestros días, tal como ocurrió en los días de Juan el Bautista. Muchos de los profetas de nuestra actualidad no son convencionales ni conservadores en su manera de vestir ni de conducirse.

Los profetas hablan en nombre de Dios y comunican su mensaje, poniendo en riesgo sus propias vidas, en muchas ocasiones.

Los profetas, por lo general, son marcados desde el vientre de sus madres. "Antes que te formase en el vientre te conocí, y antes que nacieses te santifiqué, te di por profeta a las naciones", Jeremías 1:5.

Los profetas tienen una forma peculiar de comunicar sus mensajes, como, por ejemplo: *Isaías anduvo desnudo y descalzo durante tres años.*

"En aquel tiempo habló Jehová por medio de Isaías, hijo de Amos, diciendo: Ve y quita el cilicio de tus lomos, y descalza las sandalias de tus pies. Y lo hizo así, andando desnudo y descalzo. Y dijo Jehová: De la manera que anduvo mi siervo Isaías desnudo y descalzo tres años, por señal y pronóstico sobre Egipto y sobre Etiopía, así llevará el rey de Asiria a los cautivos de Egipto y los deportados de Etiopía, a jóvenes y a ancianos, desnudos y descalzos, y descubiertas las nalgas para vergüenza de Egipto. Y se turbarán y avergonzarán de Etiopía su esperanza, y de Egipto su gloria", Isaías 20:2-5.

Ezequiel se acostó de su lado izquierdo durante 390 días y en su lado derecho durante 40 días más.

"Tú, hijo de hombre, tómate un adobe, y ponlo delante de ti, y diseña sobre él la ciudad de Jerusalén. Y pondrás contra ella sitio, y edificarás contra ella fortaleza, y sacarás contra ella baluarte, y pondrás delante de ella campamento, y colocarás contra ella arietes alrededor. Tómate también una plancha de hierro, y ponla en lugar de muro de hierro entre ti y la ciudad; afirmarás luego tu rostro contra ella, y será en lugar de cerco, y la sitiarás. Es señal a la casa de Israel. Y tú te acostarás sobre tu lado izquierdo y pondrás sobre él la maldad de la casa de Israel. El número de los días que duermas sobre él, llevarás sobre ti la maldad de ellos. Yo te he dado los años de su maldad por el número de los días, trescientos noventa días; y así llevarás tú la maldad de la casa de Israel. Cumplidos éstos, te acostarás sobre tu lado derecho segunda vez, y llevarás la maldad de la casa de Judá cuarenta días;

día por año, día por año te lo he dado. Al asedio de Jerusalén afirmarás tu rostro, y descubierto tu brazo, profetizarás contra ella. Y he aquí he puesto sobre ti ataduras, y no te volverás de un lado a otro, hasta que hayas cumplido los días de tu asedio", Ezequiel 4:1-8.

Zacarías rompió dos cayados

"Apacenté, pues, las ovejas de la matanza, esto es, a los pobres del rebaño. Y tomé para mí dos cayados: al uno puse por nombre Gracia, y al otro Ataduras; y apacenté las ovejas. Y destruí a tres pastores en un mes; pues mi alma se impacientó contra ellos, y también el alma de ellos me aborreció a mí. Y dije: No os apacentaré; la que muriere, que muera; y la que se perdiere, que se pierda; y las que quedaren, que cada una coma la carne de su compañera. Tomé luego mi cayado Gracia, y lo quebré, para romper mi pacto que concerté con todos los pueblos. Y fue deshecho en ese día, y así conocieron los pobres del rebaño que miraban a mí, que era palabra de Jehová. Y les dije: Si os parece bien, dadme mi salario; y si no, dejadlo. Y pesaron por mi salario treinta piezas de plata. Y me dijo Jehová: Échalo al tesoro; ¡hermoso precio con que me han apreciado! Y tomé las treinta piezas de plata, y las eché en la casa de Jehová al tesoro. Quebré luego el otro cayado, Ataduras, para romper la hermandad entre Judá e Israel", Zacarías 11:7-14.

Un acto profético hace que la gente piense, pero también es motivo de mucho disgusto.

Hechos 21:8-11 nos habla de un profeta llamado Ágabo, en casa de un hombre llamado Felipe, que tenía cuatro hijas vírgenes que profetizaban.

Los profetas que hablan por el Espíritu Santo dan dirección a la Iglesia. El ministerio profético nos señala el camino por donde debemos andar. "A fin de que sepáis el camino por donde habéis de ir; por cuanto vosotros no habéis pasado antes de ahora por este camino. Pero entre vosotros y ella haya distancia como de dos mil codos; no os acercaréis a ella", Josué 3:4.

El ministerio profético prepara y anuncia al Apóstol. "Dijo: Yo soy la voz de uno que clama en el desierto: Enderezad el camino del Señor, como dijo el profeta Isaías (...) Éste es el que viene después de mí, el que es antes de mí, del cual yo no soy digno de desatar la correa del calzado", Juan 1:23, 27.

El ministerio profético nos señala el camino por donde debemos andar. "A fin de que sepáis el camino por donde habéis de ir; por cuanto vosotros no habéis pasado antes de ahora por este camino. Pero entre vosotros y ella haya distancia como de dos mil codos; no os acercaréis a ella", Josué 3:4.

La iglesia de hoy quiere oír lo que Dios tiene que decir, pero en ocasiones no quiere a los profetas. Algunos profetas hasta son tildados de locos.

El ministerio profético confronta (David y Natán)

"Jehová envió a Natán a David; y viniendo a él, le dijo: Había dos hombres en una ciudad, el uno rico, y el otro pobre. El rico tenía numerosas ovejas y vacas; pero el pobre no tenía más que una sola corderita, que él había comprado y criado, y que había crecido con él y con sus hijos juntamente, comiendo de su bocado y bebiendo de su vaso, y durmiendo en su seno; y la tenía como a una hija. Y vino uno de camino al hombre rico; y éste no quiso tomar de sus ovejas y de sus vacas, para guisar para el caminante que había venido a él, sino que tomó la oveja de aquel hombre pobre, y la preparó para aquel que había venido a él. Entonces se encendió el furor de David en gran manera contra aquel hombre, y dijo a Natán: Vive Jehová, que el que tal hizo es digno de muerte. Y debe pagar la cordera con cuatro tantos, porque hizo tal cosa, y no tuvo misericordia. Entonces dijo Natán a David: Tú eres aquel hombre. Así ha dicho Jehová, Dios de Israel: Yo te ungí por rey sobre Israel, y te libré de la mano de Saúl, y te di la casa de tu señor, y las mujeres de tu señor en tu seno; además te di la casa de Israel y de Judá; y si esto fuera poco, te habría añadido mucho más. ¿Por qué, pues, tuviste en poco la palabra de Jehová, haciendo lo malo delante de sus ojos? A Urías heteo heriste a espada, y tomaste por mujer a su mujer, y a él lo mataste con la espada de los hijos de Amón", 2 Samuel 12:1-9.

Hay una diferencia entre lo que es el don de profecía y el profeta como don (regalo) a la Iglesia.

Los profetas por lo general no gozan de muchos amigos. Alguna de las razones por las cuales no gozan de muchos amigos es porque hay quienes siempre los procuran para recibir una palabra del Señor. Existe quien no le gusta la idea de tener como amigo a un profeta que puede ver y discernir los secretos que hay en su vida. Otros confunden el don profético con la adivinación y se crean distanciamientos en las relaciones.

Por lo general, los profetas ven el mundo y la vida desde otra óptica, y, por ende, son tratados como gente extraña.

Los profetas quieren que todos vean lo que ellos ven.

"Y se levantó de mañana y salió el que servía al varón de Dios, y he aquí el ejército que tenía sitiada la ciudad, con gente de a caballo y carros. Entonces su criado le dijo: ¡Ah, señor mío! ¿qué haremos? Él le dijo: No tengas miedo, porque más son los que están con nosotros que los que están con ellos. Y oró Eliseo, y dijo: Te ruego, oh Jehová, que abras sus ojos para que vea. Entonces Jehová abrió los ojos del criado, y miró; y he aquí que el monte estaba lleno de gente de a caballo, y de carros de fuego alrededor de Eliseo", 2 Reyes 6:15-17.

En nuestros días, Dios está uniendo a los profetas y apóstoles para trabajar juntos.

Los apóstoles edifican lo que los profetas ven.

En la antigüedad, muchos profetas murieron sin

ver cumplidas sus profecías. Esto nos indica que una profecía cumplida no debe ser la única marca que utilicemos para identificar quiénes son verdaderos profetas.

Por último, el don de fe es indispensable en el ministerio profético.

Capítulo 10

Una de mis experiencias personales
con el Espíritu Santo

Una de mis experiencias personales con el Espíritu Santo

En mi libro, ADN Paternidad Espiritual, cuento un poco de mi vida de joven en Panamá. De hecho, si aún no ha leído ese libro, se lo recomiendo. En este capítulo solo tocaré una parte de mi adolescencia para el beneficio de los lectores.

Nací en la República de Panamá en 1957. Soy el último de diez hijos que tuvo mi madre y el último de tres hijos que tuvo mi padre. Cuando ambos se conocieron, ya habían tenido una vida pasada, y soy el único hijo que ambos procrearon. Mi madre sufrió cuatro abortos involuntarios antes de que yo naciera. Cuando se embarazó de mí, tuvo mucho temor de que me perdería también. En esa zozobra, ella escuchó una voz interior que en repetidas ocasiones le dijo: "Lo que tienes en tu vientre, cosa especial es para mí".

Siendo mi madre espiritista en ese entonces, creyó que era la voz de algún antepasado que le estaba hablando. La voz fue insistente y luego ella supo que era Dios quien le estaba hablando. Tanta fue su convicción que, cuando yo nací, se consiguió una Biblia y desde muy pequeño comenzó a enseñarme porciones de la Biblia. El Señor me ha bendecido con la facultad de recordar escenas de mi vida de cuando tenía apenas de dos a tres años de edad y esos momentos los recuerdo muy bien, por los lugares donde vivíamos en mi infancia. En las horas del atardecer, cuando mi madre ya había terminado todos sus quehaceres del día, me enseñaba porciones de la Biblia. En casa no teníamos radio y, mucho menos, un televisor, así que las historias de la Biblia que me contaba mi madre, para mí eran como ir al cine. Yo sentía un ambiente de mucha frescura y mi piel se erizaba. Ahora sé que era la presencia del Espíritu Santo. En una ocasión le dije a mi madre: "Mamá, enséñame más, sigue hablándome, quiero saber más". Ella me contestó: "Hijo, yo no sé más. Solo estoy tratando de cumplir con la voz que me habló acerca de ti". Esto para mí hoy tiene mucho sentido, pero aquel niño quería escuchar más, aunque fueran historias que ya había oído varias veces.

Mi padre, por otro lado, sabía que había algo especial en mí. Trató de hacer las cosas lo mejor que pudo, pero falló en muchas áreas. Mi infancia fue muy difícil con él. De niño, la única relación que tuve con mi padre fue académica. Mis dos hermanos por parte de papá no estudiaron, no tuvieron el mismo privilegio que yo; comenzaron a trabajar desde muy jóvenes. Cuando yo nací, mi padre dijo: "A este no le pasará igual. Este sí va a estudiar", y así empezó mi vida académica desde muy temprano.

Cuando llegué a la universidad, mi padre concluyó que había hecho su parte. Se jubiló y se fue de la casa, dejándonos totalmente desprovistos. Como en ocasiones pasadas se había ausentado de la casa, pero sin dejar de pagar la renta y los misceláneos, pensábamos que iba a ser igual en esa ocasión, solo para enterarnos después de que no era así. Caímos en seis meses de atraso en todo. Nos cortaron los servicios de electricidad, agua, teléfono y nos fueron a desalojar del apartamento, todo en un mismo día. Tomé el teléfono para llamar a unos amigos para que me apoyaran en oración y, mientras hacía la llamada, empleados de la compañía de telefonía fueron a llevarse la unidad. En aquellos días, el aparato telefónico le pertenecía a la compañía de telefonía y, si no pagabas, se llevaban el aparato. Esta historia se desarrolló a mediados de los años 70 en la República de Panamá, durante el gobierno revolucionario del general Omar Torrijos Herrera.

En esa época todos vivíamos con la puerta de nuestra casa abierta. Estos caballeros de la compañía de telefonía llegaron al apartamento y entraron como "Juan por su casa" y me arrebataron la unidad de la mano. Cabe mencionar que la compañía le pertenecía al gobierno, así que no había nada que se pudiera hacer.

Me dediqué a trabajar de día y a estudiar de noche, para mantenernos a mi madre y a mí. En ese entonces vivíamos en la Ciudad de Colón y todos mis demás hermanos vivían en la Ciudad de Panamá, ganando salarios que apenas les alcanzaban para mantener a sus familias.

Conocía el poder del ayuno, así que dediqué un período largo a buscar la dirección del Señor a través del ayuno y la oración y Dios comenzó a obrar milagros. La compañía en la que trabajaba aumentó mi salario tres veces en un solo año. La compañía de electricidad, de agua y los dueños del apartamento, me hicieron un plan de pago.

En un atardecer, a mediados de los años 70, estando solo en el apartamento, sentí un profundo deseo de orar. Son esos momentos en que sabes que Dios te está escuchando. Me acuerdo de la oración que hice: "Padre celestial, necesito que me hables, que me muestres tu voluntad. Si no me dices qué hacer, ¿cómo esperas que yo sepa lo que esperas de mí? Háblame con claridad para que yo sepa y que no me equivoque…". Mi oración fue interrumpida por una presencia que entró en el apartamento. La luz era fuerte y temí por mi vida. Me arrodillé rápidamente para esconder mi rostro en el sofá donde estaba sentado. En ese momento, con los ojos cerrados y mi rostro escondido, tuve una visión y me vi parado en el mapa de mi país mirando hacia el norte. Era sobrenatural. Era una visión bien clara. La persona parada detrás de mí metió su mano en la visión y me dijo: "Te envío al Caribe". Vi su dedo índice apuntando entre las islas de República Dominicana y Puerto Rico. Recuerdo muy bien que el dedo apuntaba más hacia la República Dominicana. Hoy sé que esa persona es el Espíritu Santo y sé que fue el día en que recibí el llamado de ser apóstol. Lo sé porque desde ese día en adelante escuché durante varios meses la misma voz diciéndome: "Tú eres mi apóstol". Cada vez que escuchaba esas palabras, yo reprendía al diablo con todas mis fuerzas, porque me habían enseñado que los apóstoles no existen. Por eso hoy, cuando algunos me preguntan qué es un apóstol, solo les digo que, para mí, un apóstol es un misionero.

Yo pensé que ese viaje a la República Dominicana se daría el próximo mes o al año siguiente. Compré un mapa del Caribe y comencé a orar por las Islas del Caribe y por personas que aún no conocía. Cada vez que oraba, venía sobre mí un quebranto incontrolable, al grado en que derramé muchas lágrimas en mis momentos de oración a favor de esa área geográfica.

Exactamente seis años después, Dios movió todas las fichas de mi vida y llegué a Costa Rica en calidad de misionero bajo el pastorado del apóstol Rony Chaves. Éste apenas se había convertido en el pastor de la iglesia Centro Cristiano de San José, que hoy es el Centro Mundial de Adoración. En Costa Rica fui formado en los temas de Fe, Restauración, Adoración, Intercesión, Evangelismo, entre otros. Exactamente, tres años después de mi llegada a Costa Rica, el Espíritu Santo volvió y me habló diciéndome que era el momento de acudir a mi llamado para el Caribe, específicamente en la República Dominicana. La iglesia en Costa Rica, entre lágrimas, me celebró una fiesta de despedida y oró por mí, comisionándome como misionero al Caribe. Cuando pisé la República Dominicana, sentí que había llegado a mi destino. Cuando hice el cálculo, me di cuenta de que habían transcurrido nueve años desde la visita del Espíritu Santo en aquel apartamento en la Ciudad de Colón. Tres años después de estar en la República Dominicana, me volvió a hablar el Espíritu Santo y me dijo: "Te estableceré en Puerto Rico", lugar donde he estado durante los últimos veintinueve años de mi vida. En Puerto Rico, el Señor me dio una maravillosa familia y un hermoso ministerio. Todo lo que aprendí en Panamá, Costa Rica y la República Dominicana, me preparó para lo que hoy vivo en Puerto Rico. Una experiencia de quebranto en mi joven vida me llevó a buscar al Señor de todo corazón. Esa experiencia me llevó a ver la manifestación gloriosa del Espíritu Santo en mi vida y esa manifestación me condujo a mi destino. He llegado a comprender que los momentos de quebranto no se desprecian ni se desperdician, sino que se usan para llegar a tu destino.

Capítulo 11

Cómo ser lleno del Espíritu Santo

Cómo ser lleno del Espíritu Santo

Recibir la llenura del Espíritu Santo es tan fácil como arrepentirte de tus pecados, hacer la oración de fe y recibir la Salvación de tu alma.

Las cosas de Dios son sencillas, lo que es difícil es creer y obedecer. La religión me enseñó a esperar la llenura del Espíritu Santo, mientras que la Biblia me enseña que debo recibir la llenura del Espíritu Santo. A la iglesia del primer siglo le tocó esperar, a nosotros nos toca recibir. ¿Por qué algunos creyentes, después de tantos años de seguir al Señor, todavía están esperando la llenura del Espíritu Santo? Porque creen que la llenura del Espíritu Santo se circunscribe a hablar en otras lenguas. Creen que, porque no hablan lenguas, no han recibido el Espíritu Santo. La culpa de esto la tienen algunos maestros que equivocadamente han enseñado que el creyente que no habla lenguas no ha recibido al Espíritu Santo. Me atrevería a decir que gran parte de la iglesia pentecostal y la iglesia carismática piensa igual. Debo recordarles que hablar lenguas es importante y muy bueno. Este servidor habla lenguas todos los días varias veces. Pero hablar lenguas no es la única manifestación ni el único don del Espíritu Santo. Tristemente debo mencionar que conozco creyentes que hablan lenguas y dan muy mal testimonio de lo que es ser un creyente. Lo que nos indica cuán llena está una persona del Espíritu Santo, es el fruto que da, no las lenguas que habla.

La Biblia dice:

> *"Así que, por sus frutos los conoceréis"*, Mateo 7:20.

> *"Si yo hablase lenguas humanas y angélicas, y no tengo amor, vengo a ser como metal que resuena, o címbalo que retiñe"*, 1 Corintios 13:1.

> *"Mas el fruto del Espíritu es amor, gozo, paz, paciencia, benignidad, bondad, fe, mansedumbre, templanza; contra tales cosas no hay ley"*, Gálatas 5:22-23.

En el capítulo cuatro les hablé acerca de los dones del Espíritu Santo.

Primera de Corintios 12:4-11 dice: "Ahora bien, hay diversidad de dones, pero el Espíritu es el mismo. Y hay diversidad de ministerios, pero el Señor es el mismo. Y hay diversidad de operaciones, pero Dios, que hace todas las cosas en todos, es el mismo. Pero a cada uno le es dada la manifestación del Espíritu para provecho. Porque a este es dada por el Espíritu palabra de sabiduría; a otro, palabra de ciencia según el mismo Espíritu; a otro, fe por el mismo Espíritu; y a otro, dones de sanidades por el mismo Espíritu. A otro, el hacer milagros; a otro, profecía; a otro, discernimiento de espíritus; a otro, diversos géneros de lenguas; y a otro, interpretación de lenguas. Pero todas estas cosas las hace uno y el mismo Espíritu, repartiendo a cada uno en particular como él quiere".

Existe el don de diversos géneros de lenguas y el don de interpretación de lenguas. Las ciento veinte personas que estaban reunidas en el aposento alto recibieron la llenura del Espíritu Santo y hablaron en otros idiomas, según el Espíritu Santo les daba que hablasen. Esa manifestación era muy necesaria, porque durante la Fiesta de Pentecostés, había judíos que no dominaban bien la lengua judía porque venían de otras regiones.

"Moraban entonces en Jerusalén judíos, varones piadosos, de todas las naciones bajo el cielo. Y hecho este estruendo, se juntó la multitud; y estaban confusos, porque cada uno les oía hablar en su propia lengua. Y estaban atónitos y maravillados, diciendo: Mirad, ¿no son galileos todos estos que hablan? ¿Cómo, pues, les oímos nosotros hablar cada uno en nuestra lengua en la que hemos nacido? Partos, medos, elamitas, y los que habitamos en Mesopotamia, en Judea, en Capadocia, en el Ponto y en Asia, en Frigia y Panfilia, en Egipto y en las regiones de África más allá de Cirene, y romanos aquí residentes, tanto judíos como prosélitos, cretenses y árabes, les oímos hablar en nuestras lenguas las maravillas de Dios", Hechos 2:5-11.

Hay quienes dirán que el idioma oficial de Puerto Rico es el español, pero conozco a muchos puertorriqueños que no hablan español, porque fueron criados en los Estados Unidos de Norteamérica, donde el idioma oficial es el inglés. Para comunicarme eficazmente con ellos, tengo que hablarles en inglés. Pero no por eso han dejado de ser puertorriqueños. De la misma manera, estos judíos que habían venido de diferentes naciones necesitaban escuchar el evangelio en el idioma en que se comunicaban, y lo hicieron, y fueron convertidos. Creo que el lector podría estar de acuerdo conmigo si digo que era necesario que se manifestara el don de diversos géneros de lenguas en ese momento.

Si me llevan a un hospital para orar por una persona accidentada que se está muriendo, yo puedo hablar lenguas durante horas, pero en realidad lo que se necesitaría en ese momento sería el don de milagros. Conozco personas que tienen un don de fe impresionante, pero no hablan en lenguas. De ninguna manera estoy diciendo que el creyente no debe o no tiene que hablar en lenguas. Creo que si es algo que el Señor nos está ofreciendo es porque lo necesitamos, pero nunca debemos decir que una persona no tiene el Espíritu Santo por el simple hecho de no hablar en otras lenguas, porque ya hemos visto que hablar en otras lenguas solo es una de las nueve manifestaciones del Espíritu Santo. Estudiemos los frutos de las personas, no solamente lo que dicen o hacen.

¿Cómo recibió este servidor la llenura del Espíritu Santo con la evidencia de hablar en otras lenguas?

Recibí al Señor como mi Salvador personal a finales de los años sesenta, cuando apenas tenía once años de edad, en una pequeña iglesia que se reunía en una de las salas de la casa del pastor. Siendo de corte pentecostal, se hacía mucho énfasis en la llenura del Espíritu Santo. La congregación creció en población y se mudó a un local más amplio. Yo crecí en edad y anhelaba mucho trabajar para el Señor. Lo primero que te preguntaban los líderes cuando solicitabas un puesto ministerial era: ¿Estás lleno del Espíritu Santo con la evidencia de hablar en otras lenguas? Si contestabas que no, te decían que volvieras cuando lo estuvieras. Asistí a todas las vigilias, retiros de ayuno, servicios de alabanza, campañas y cuantas reuniones en las que estuvieran orando por la llenura del Espíritu Santo. Los pastores oraron, los ancianos oraron por mí, las ancianas oraron por mí, los diáconos también, los evangelistas y los predicadores invitados igualmente lo hicieron, pero nunca recibí ni siquiera un escalofrío. Una noche, a principios de los años 70, en un servicio de Santa Convocación que se celebra hasta el día de hoy en la iglesia donde me convertí, el obispo invitado a predicar ese año se acercó al pódium y vino sobre toda la congregación un silencio repentino. El predicador guardó silencio durante unos breves minutos y sus primeras palabras fueron: "El Espíritu del Señor está en este lugar". Lo próximo que yo supe es que estaba de pie y hablando en unas lenguas que yo no podía controlar. Había recibido el Espíritu Santo con la evidencia de hablar en otras lenguas. Cabe mencionar que desde aquella noche mi vida nunca fue igual. Me resultó muy interesante porque al momento de recibir la llenura del Espíritu Santo, nadie estuvo orando por mí. Fue una intervención divina para la respuesta a mis oraciones. La Biblia dice: "¿Qué padre de vosotros, si su hijo le pide pan, le dará una piedra? ¿O si pescado, en lugar de pescado, le dará una serpiente? ¿O si le pide un huevo, le dará un escorpión? Pues si vosotros, siendo malos, sabéis dar buenas dádivas a vuestros hijos, ¿cuánto más vuestro Padre celestial dará el Espíritu Santo a los que se lo pidan?", Lucas 11:11-13.

Cuando el predicador dijo: "El Espíritu del Señor está en este lugar", yo oré y le dije al Señor, si es cierto lo que dice ese predicador, yo quiero que tú, Señor, me llenes de tu Espíritu Santo porque estoy cansado de que todos oren por mí y que nada suceda. Acto seguido, estaba yo de pie siendo lleno del Espíritu Santo. Cuando me di cuenta de lo que había sucedido, comencé a correr de alegría de un lado a otro en el templo. ¡Aleluya!

¿A quién llenó Dios con su Espíritu Santo?

Al Pedro legalista, cobarde, traidor y mal hablado.

Al Juan que quiso llamar fuego del cielo para quemar a todos los samaritanos.

A María, la madre de Jesús, quien era una de las ciento veinte que recibió el Espíritu Santo el día de Pentecostés. "Entonces volvieron a Jerusalén desde el monte que se llama del Olivar, el cual está cerca de Jerusalén, camino de un día de reposo. Y entrados, subieron al aposento alto, donde moraban Pedro y Jacobo, Juan, Andrés, Felipe, Tomás, Bartolomé, Mateo, Jacobo hijo de Alfeo, Simón el Zelote y Judas hermano de Jacobo. Todos estos perseveraban unánimes en oración y ruego, con las mujeres, y con María la madre de Jesús, y con sus hermanos", Hechos 1:12-14.

Al Pablo fariseo que perseguía a los cristianos.

A este servidor, que era la persona más tímida del mundo.

Algo tenemos todos en común: nuestras vidas nunca más fueron las mismas después de recibir el Espíritu Santo.

Capítulo 12

El Espíritu Santo y el amor

El Espíritu Santo y el amor

"1 Si yo hablase lenguas humanas y angélicas, y no tengo amor, vengo a ser como metal que resuena, o címbalo que retiñe.

2 Y si tuviese profecía, y entendiese todos los misterios y toda ciencia, y si tuviese toda la fe, de tal manera que trasladase los montes, y no tengo amor, nada soy.

3 Y si repartiese todos mis bienes para dar de comer a los pobres, y si entregase mi cuerpo para ser quemado, y no tengo amor, de nada me sirve.

4 El amor es sufrido, es benigno; el amor no tiene envidia, el amor no es jactancioso, no se envanece;

5 no hace nada indebido, no busca lo suyo, no se irrita, no guarda rencor;

6 no se goza de la injusticia, mas se goza de la verdad.

7 Todo lo sufre, todo lo cree, todo lo espera, todo lo soporta.

8 El amor nunca deja de ser; pero las profecías se acabarán, y cesarán las lenguas, y la ciencia acabará.

9 Porque en parte conocemos, y en parte profetizamos;

10 mas cuando venga lo perfecto, entonces lo que es en parte se acabará.

11 Cuando yo era niño, hablaba como niño, pensaba como niño, juzgaba como niño; mas cuando ya fui hombre, dejé lo que era de niño.

12 Ahora vemos por espejo, oscuramente; mas entonces veremos cara a cara. Ahora conozco en parte; pero entonces conoceré como fui conocido.

13 Y ahora permanecen la fe, la esperanza y el amor, estos tres; pero el mayor de ellos es el amor", I Corintios 13.

La persona más poderosa en el Planeta Tierra no es el presidente de turno en los Estados Unidos de Norteamérica. Tampoco lo es el presidente ruso de turno. Tampoco lo es el Papa o el gran Imán musulmán de turno. La persona más poderosa en el planeta es el Espíritu Santo.

La fuerza más poderosa en el planeta no es la bomba de uranio, ni las armas nucleares.

La fuerza más poderosa en el planeta es el amor. La Biblia dice que Dios es amor, pero el amor lo recibimos a través de la persona más poderosa: El Espíritu Santo.

> "Mas el fruto del Espíritu es amor, gozo, paz, paciencia, benignidad, bondad, fe, mansedumbre, templanza; contra tales cosas no hay ley", Gálatas 5:22-23.

En el capítulo cinco expliqué que el "fruto" del Espíritu está en singular. El fruto del Espíritu es amor, y todo lo que viene después es la definición de lo que es amor.

"(…) contra tales cosas no hay ley", significa que nadie te puede meter a la cárcel por amar. No existe ninguna ley que diga que si tú amas a tu prójimo o a tu enemigo irás a la cárcel.

> "Porque: No adulterarás, no matarás, no hurtarás, no dirás falso testimonio, no codiciarás, y cualquier otro mandamiento, en esta sentencia se resume: Amarás a tu prójimo como a ti mismo. El amor no hace mal al prójimo; así que el cumplimiento de la ley es el amor", Romanos 13:9-10.

Jesús dejó establecido un nuevo mandamiento

"Un mandamiento nuevo os doy: Que os améis unos a otros; como yo os he amado, que también os améis unos a otros", Juan 13:34-35.

Veamos los Diez Mandamientos:

» No tendrás otros dioses delante de Mí.

» No harás ídolos.

» No tomarás el nombre de Jehová tu Dios en vano.

» Recuerda el día de reposo para santificarlo.

» Honra a tu padre y a tu madre.

» No matarás.

» No cometerás adulterio.

» No debes robar.

» No darás falso testimonio contra tu prójimo.

» No codiciarás", Deuteronomio 5:7-21.

En este nuevo mandamiento que nos dio Jesús en Juan 13, quedan absorbidos los diez mandamientos.

El que ama a Dios:

No tendrá dioses adicionales en su vida.

No se hará ídolos, porque sabe que a Dios no le agrada.

No pronunciará su nombre en vano, mucho menos para maldecir.

Separará un día a la semana para descansar y congregarse.

El que ama a su padre y a su madre:

Los va a honrar; les respetará y les cuidará en su vejez.

El que ama a su prójimo

No lo matará.

No adulterará con su esposa.

No le hurtará sus posesiones.

No dirá falso testimonio en su contra.

No codiciará sus bienes.

"Porque: No adulterarás, no matarás, no hurtarás, no dirás falso testimonio, no codiciarás, y cualquier otro mandamiento, en esta sentencia se resume: Amarás a tu prójimo como a ti mismo", Romanos 13:9.

Lucifer, en su odiosa manera de ser, no eliminó la palabra amor del vocablo, sino que la desvirtuó, le dio otro significado. Para muchos, el amor se circunscribe a dos personas envueltas en una actividad física en la cama o en el asiento trasero de su coche.

En el tema del amor, hemos identificado diferentes tipos. El amor que se da y se recibe solo puede ser entendido a través de las acciones. El Padre Dios expresó el más alto nivel de amor cuando dio al mundo lo que era de mayor valor para Él, su Hijo Jesús.

Amor ágape:

Describe el amor que el Padre Celestial tiene hacia su Hijo Jesucristo.

> "Y les he dado a conocer tu nombre, y lo daré a conocer aún, para que el amor con que me has amado, esté en ellos, y yo en ellos", Juan 17:26.

Nos indica también la clase de amor que tiene Dios hacia todos nosotros los mortales *"para que el amor con que me has amado, esté en ellos…"*.

Describe el tipo de amor que se tenían los discípulos de Jesús en el primer siglo de la Iglesia.

> "Todos los que habían creído estaban juntos, y tenían en común todas las cosas; y vendían sus propiedades y sus bienes,

y lo repartían a todos según la necesidad de cada uno. Y perseverando unánimes cada día en el templo, y partiendo el pan en las casas, comían juntos con alegría y sencillez de corazón, alabando a Dios, y teniendo favor con todo el pueblo. Y el Señor añadía cada día a la iglesia los que habían de ser salvos", Hechos 2:44-47.

Es el tipo de amor que dice "yo te amaré, aunque tú no me ames".

Amor phileo o philia:

Es un tipo de amor condicional. Es el tipo de amor que dice "yo te amaré siempre y cuando tú me ames. Si tú me dejas de amar, yo también te dejaré de amar". Es el tipo de amor que se expresa en las relaciones de amistad.

Amor eros:

Es el tipo de amor que se basa en lo que le atrae, lo que le da satisfacción. Es un amor erótico. El tipo de amor que le tiene un hombre a una mujer (y viceversa) por su belleza física o por los sentimientos que se transmiten mutuamente. El concepto proviene de la mitología griega en donde Eros, es el dios de la sexualidad.

Amor storgé:

Es el tipo de amor que se expresa dentro del vínculo familiar. Amor que tiene una persona para los miembros de su familia. Amor que se tiene dentro del mismo grupo sanguíneo, entre hermanos, padres e hijos, hijos y padres, etc.

Juan 13:35 dice: "En esto conocerán todos que sois mis discípulos, si tuviereis amor los unos con los otros".

La única manera en que el mundo sabrá que somos discípulos de Jesucristo, es cuando nos vean amándonos unos a otros.

Aquí hay una ordenanza que les confieso que es difícil de seguir:

"Ninguno busque su propio bien, sino el del otro", I Corintios 10:24.

Aquí hay otra más difícil todavía

"Por tanto, si hay alguna consolación en Cristo, si algún consuelo de amor, si alguna comunión del Espíritu, si algún afecto entrañable, si alguna misericordia, completad mi gozo, sintiendo lo mismo, teniendo el mismo amor, unánimes, sintiendo una misma cosa. Nada hagáis por contienda o por vanagloria; antes bien con humildad, estimando cada uno a los demás como superiores a él mismo; no mirando cada uno por lo suyo propio, sino cada cual también por lo de los otros. Haya, pues, en vosotros este sentir que hubo también en Cristo Jesús, el cual, siendo en forma de Dios, no estimó el ser igual a Dios como cosa a que aferrarse, sino que se despojó a sí mismo, tomando forma de siervo, hecho semejante a los hombres; y estando en la condición de hombre, se humilló a sí mismo, haciéndose obediente hasta la muerte, y muerte de cruz. Por lo cual Dios también le exaltó hasta lo sumo, y le dio un nombre que es sobre todo nombre, para que en el nombre de Jesús se doble toda rodilla de los que están en los cielos, y en la tierra, y debajo de la tierra; y toda lengua confiese que Jesucristo es el Señor, para gloria de Dios Padre", Filipenses 2:1-11.

Capítulo 13

Conclusión

Conclusión

Deseo retomar en este capítulo final lo que dejé en pausa en el capítulo dos. La desobediencia de Adán y Eva en el huerto de Edén fue interpretada por Dios como un grito de independencia. Era el hombre diciéndole a Dios que ya no quería hacer las cosas a la manera de Dios, sino a la manera del hombre. Acto seguido, Dios retiró su Espíritu Santo de la tierra. La razón por la cual Jesús, en su ministerio terrenal, hablaba con tanta euforia acerca del Espíritu Santo, es porque Él sabía lo importante que era que el Espíritu Santo volviese a la Tierra en su calidad de gobernador, para retomar el trabajo de colonización que se detuvo en el libro de Génesis.

Malaquías anunció la venida de Juan el bautista, Juan el bautista anunció la venida de Jesús, Jesús anunció la venida del Espíritu Santo y ahora el Espíritu Santo está anunciando la venida de Jesús, no como salvador del mundo, como lo anunció Juan el bautista, sino como el Mesías, el Rey ungido.

Jesús les dijo a sus discípulos que a ellos les convenía que Él se fuera, porque así podría venir el Espíritu Santo. Solo puedo imaginarme la emoción con la que Jesús regresó a su padre para decirle: "Papá, he podido reunir a un grupo de creyentes que están dispuestos a trabajar para tu Reino siguiendo las directrices del Espíritu Santo. En el huerto solo tenías a Adán y a Eva, pero he podido consolidar un grupo de ciento veinte personas que están ahora mismo orando y esperando y están bien comprometidas, porque les demostré que yo soy quien les dije que soy cuando me vieron resucitado y me senté a comer con ellos. Saben que no soy un fantasma ni un impostor, porque no hay quien parta el pan y dé gracias como yo lo hago. Papá, yo les prometí que te rogaría a ti que les enviaras el Espíritu Santo y están esperando en Jerusalén y seguirán esperando hasta que les llegue".

Me imagino la emoción del Padre: Tiene a su derecha a su hijo que venció la muerte, que vino a la tierra como el "unigénito" y regresó al cielo como el "primogénito", dándole el informe de que en la tierra está la primera generación de convertidos esperando la llegada del Espíritu Santo, para continuar con los planes del establecimiento del Reino de Dios en la Tierra. Jesús fue bien categórico cuando les enseñó a sus discípulos a orar: "Padre nuestro que estás en los cielos, santificado sea tu nombre. Venga tu reino. Hágase tu voluntad, como en el cielo, así también en la tierra", Mateo 6:9-10.

Jesús no dijo: "Oren pidiéndole al Padre que los lleve al cielo", sino más bien que le pidieran al Padre que viniera su reino. Jesús oró al Padre de esta manera: "No ruego que los quites del mundo, sino que los guardes del mal. No son del mundo, como tampoco yo soy del mundo. Santifícalos en tu verdad; tu palabra es verdad. Como tú me enviaste al mundo, así yo los he enviado al mundo", Juan 17:15-18.

El Espíritu Santo es la autoridad delegada del Padre en la Tierra. Pedirle al Señor que te saque del mundo se puede interpretar de varias formas:

> » No estoy de acuerdo con que el Espíritu Santo me esté diciendo qué hacer y me quiero ir al cielo.

> » El Espíritu Santo no tiene la capacidad para guiarme a toda verdad. Estoy frustrado y me quiero salir de su tutela.

> » El poder que me dio el Espíritu Santo cuando me llenó no es suficiente, así que me siento descalificado para la guerra y me quiero ir al cielo.

El líder más ignorado de todos los tiempos ha sido el Espíritu Santo. Muchas de las instrucciones que hemos recibido de Él las hemos atribuido a nuestra imaginación. Creemos que es nuestra mente la que nos está hablando cuando, en realidad, es el Espíritu Santo que en todo momento ha estado tratando de llamar nuestra atención. La mayoría de personas que yo conozco trabajan o han trabajo en el mundo corporativo. Salir a trabajar cinco días a la semana sin saber cuál es tu asignación y quién es tu jefe, es una garantía de que nunca harás lo que se supone que hagas. Levantarte cada día para enfrentarte a un mundo perdido sin saber cuál es tu asignación, de igual manera es una garantía de que nunca harás lo que se supone que hagas. El momento más feliz de todo empleado es el día en que recibe su salario. Si no ha hecho bien su trabajo, esto se va a reflejar en el pago que recibe. La Biblia nos enseña que el Señor es el galardonador de los que diligentemente le buscan, ¿sabes por qué? Porque los que buscan al Señor se van a encontrar con la persona del Espíritu Santo y, una vez te encuentres con Él, te guiará por el camino por donde debes andar. Te enseñará cuál es tu propósito en este mundo, te ayudará a entender tu misión, te dará la sabiduría que necesitas para enfrentarte a todas las situaciones que se te presentarán en el camino. El Espíritu Santo es tu amigo, tu consolador, tu abogado, tu guía, tu confidente, tu fiel compañero, tu maestro, tu fuente de poder, tu líder, tu representante del cielo. En el Espíritu Santo está todo lo que necesitas para terminar tu tarea en la Tierra con éxito. ¿No crees que deberías prestarle más atención? Ignorar la voz de la única persona que te puede guiar por esta vida no es sabio. Debo decirte que hablar en otras lenguas no ha pasado de moda y tampoco es una característica atribuida únicamente a nuestros hermanos pentecostales. Hablar en otras lenguas es un instrumento que nos dio el Padre para comunicarnos con Él de espíritu a espíritu. No solo los discípulos en el aposento alto necesitaron hablar en otras lenguas para comunicar el mensaje del evangelio en otros idiomas a los moradores en Jerusalén que vinieron de otros países, sino todos. Pablo no estaba en el aposento alto y él mismo dijo: "Doy gracias a Dios que hablo en lenguas más que todos vosotros", Corintios 14:18.

Pablo escribió la mayor parte del Nuevo Testamento y lo hizo con mucha revelación. Tenlo por seguro que su fuente de inspiración era el Espíritu Santo.

La Biblia dice en 1 Corintios 12:4-6: "Ahora bien, hay diversidad de dones, pero el Espíritu es el mismo. Y hay diversidad de ministerios, pero el Señor es el mismo. Y hay diversidad de operaciones, pero Dios, que hace todas las cosas en todos, es el mismo".

Observemos estos tres puntos importantes:

1. El Espíritu Santo administra los dones

2. El Hijo administra los ministerios

3. El Padre administra las operaciones

Hago énfasis en que el Padre administra las operaciones.

La versión Palabra de Dios para Todos (PDT) lo traduce de esta manera: "Hay diferentes clases de dones espirituales, pero todos vienen del mismo Espíritu. Hay diferentes formas de servir, pero hay un solo Señor. Hay diferentes formas de actuar, pero hay un solo Dios que trabaja entre nosotros en todo lo que hacemos", 1 Corintios 12:4-6.

Mientras que en este libro intento explicar la importancia y la razón de la presencia del Espíritu Santo en la Tierra hoy, mi intención, no es la de desviar la atención y la preeminencia que el Padre en su sola potestad se merece. En la Divina Trinidad cada uno tiene su función específica y a nosotros nos toca entenderlas y trabajar con ellas. Dios Padre, Dios Hijo, y Dios Espíritu Santo son uno, aunque distintos en personalidad y función.

Nada ocurre a menos que el Padre Celestial lo permita. Lo que Dios no impide, lo permite.

La presencia del Espíritu Santo hoy es tan importante que Jesús dijo lo siguiente: "Si me aman, obedecerán mis mandamientos. Le pediré al Padre y les dará otro Consejero para que esté siempre con ustedes: El Consejero es el Espíritu de la verdad", Juan 14:15-17.

Jesús cumplió su palabra cuando regresó al cielo. Diez días después de su ascensión el Espíritu

Santo descendió sobre las ciento veinte personas que estaban reunidas en el aposento alto. Desde que vino no se ha vuelto a ir. Jesús dijo que estaría con nosotros para siempre. Él está en el planeta en calidad de líder, pero está siendo ignorado, no solo por el mundo, sino también por un gran sector de la iglesia cristiana.

Veamos cómo era la dinámica de la iglesia del primer siglo. Hechos 2:44-47 nos revela lo siguiente: "Todos los que habían creído estaban juntos, y tenían en común todas las cosas; y vendían sus propiedades y sus bienes, y lo repartían a todos según la necesidad de cada uno. Y perseverando unánimes cada día en el templo, y partiendo el pan en las casas, comían juntos con alegría y sencillez de corazón, alabando a Dios, y teniendo favor con todo el pueblo. Y el Señor añadía cada día a la iglesia los que habían de ser salvos".

Para terminar, quiero hacer estas preguntas con el ánimo de que ustedes le busquen respuestas. ¿No cree usted que la iglesia occidental ha perdido el diseño original? ¿No cree usted que necesitamos una intervención divina urgente? Yo sí lo creo. Necesitamos que Dios haga por nosotros lo que hizo por la iglesia del primer siglo. Necesitamos un bautismo fresco del Espíritu Santo. Él es el único que nos puede ayudar.

Bibliografía

La Santa Biblia: Versión RV - Reina Valera 1909, 1960, 1990. Miami, FL (EU): Editorial Caribe, 1992. Versión DHH - Dios Habla Hoy. Versión NBD - Nueva Biblia al Día. Versión NTV – Nueva Traducción Viviente. Versión PDT – Palabra de Dios Para Todos. Versión LBLA – La Biblia de Las Américas.

Diccionario hebreo y griego Strong's

Diccionario de la Real Academia Española

Spanish Oxford Living Dictionaries

EL LÍDER MÁS IGNORADO
El Espíritu Santo

Puerto Rico, 2019

Made in the USA
Monee, IL
28 August 2020